PERSPECTIVAS

A2

Spanisch für Erwachsene
Sprachtraining

Cornelsen

Perspectivas A2
Spanisch für Erwachsene
Sprachtraining

Im Auftrag des Verlages erarbeitet von Alexander Grimm und María del Carmen Mata Manjón, M. A.

Redaktion: Dr. Martin B. Fischer, Ana Calle (verantwortliche Redakteurin), Dr. Gunther Weimann (Projektleitung)
Redaktionelle Mitarbeit: Denise Schmidt
Beratende Mitwirkung: Araceli Vicente Álvarez

Illustration: Joaquín González Dorao
Umschlaggestaltung: werkstatt für gebrauchsgrafik, Berlin
Layout und technische Umsetzung: graphitecture book, Rosenheim

www.cornelsen.de

1. Auflage, 1. Druck 2008

Druck: Himmer AG, Augsburg

ISBN 978-3-464-20458-0

Inhalt gedruckt auf säurefreiem Papier aus nachhaltiger Forstwirtschaft.

¡BIENVENIDOS A PERSPECTIVAS!

Perspectivas führt in drei Bänden zur Niveaustufe B1 des Gemeinsamen europäischen Referenzrahmens und bereitet auf das Europäische Sprachenzertifikat Spanisch vor.

Im Kurs A2 lernen Sie weiterhin praktisches Spanisch für den Alltag. Sie lernen, an Gesprächen über vertraute Themen aktiv teilzunehmen, längere Texte zu verstehen und kürzere Texte über Alltagsthemen zu schreiben.

Das Sprachtraining

Für alle, die noch intensiver im Unterricht oder zu Hause üben möchten, bietet das Sprachtraining weiterführende Übungen, die selbständig zu Hause oder im Kurs bearbeitet werden können.
Das Sprachtraining Perspectivas A2 enthält 15 Unidades, eine Autoevaluación sowie die Lösungen.
Je nach Bedarf können Schwerpunkte gesetzt und ein jeweils passendes „Lernmenü" zusammengestellt werden.

Vielfach weisen wie im Kursbuch ¡Recuerda!-Kästen auf grammatikalische Besonderheiten hin und bieten so Hilfe bei der Bewältigung der Übungen.
Am Anfang jeder Unidad finden Sie die neue Rubrik Una vez más. Sie bietet Ihnen Übungen zur Wiederholung ausgewählter Aspekte der Grammatik, des Wortschatzes oder der Redemittel und bereitet Sie auf die weiteren Übungen der Unidad vor.

Unter www.cornelsen.de/perspectivas gibt es für die Arbeit mit Perspectivas ein Zusatzangebot für Lehrende und Lernende.

Viel Spaß und Erfolg mit Perspectivas wünschen Ihnen die Autoren und der Cornelsen Verlag!

Índice

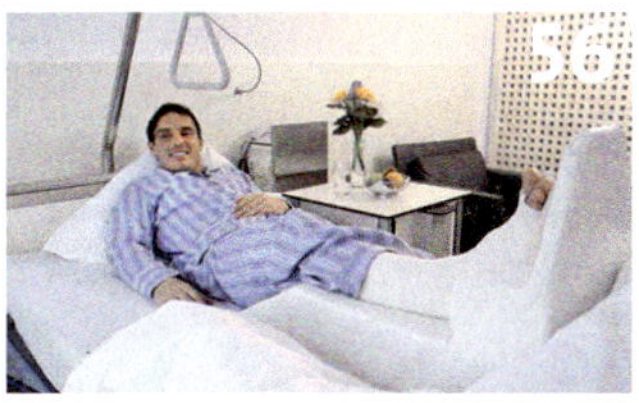

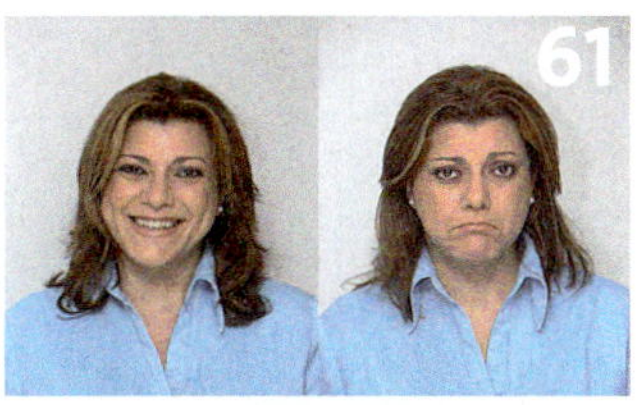

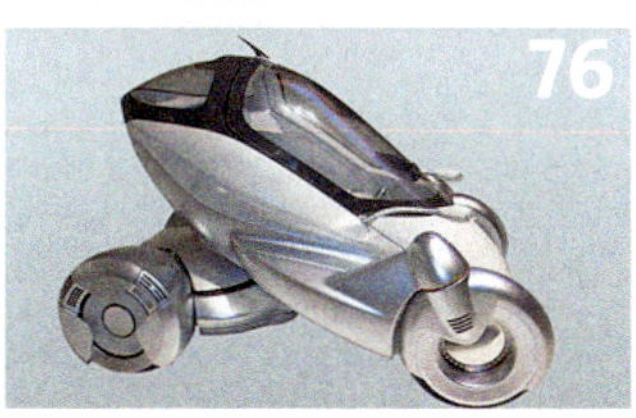

Symbole:

8 ↪ Diese Übung können Sie nach der Übung 8 des Lektionsteils im Kurs- und Übungsbuch bearbeiten.

✎ Schreiben Sie in Ihr Heft.

1 EN CENTROAMÉRICA

Una vez más

Vocabulario

CULTURA

En Hispanoamérica se dice « en/a la tarde » en vez de « por la tarde ».

1 **Traduzca las expresiones y preste atención a las diferencias.**

am Morgen	___	am nächsten Tag	___
morgens	___	nächstes Jahr	___
den ganzen Tag	___	nächste Woche	___
jeden Tag	___	in 14 Tagen	___
am Montag	___	letztes Jahr	___
montags	___	letzten Freitag	___
den ganzen Sommer	___	gestern Abend	___
jeden Sommer	___	vorgestern	___

Gramática

2 **¿Recuerda las expresiones que acompañan frecuentemente al indefinido? Complete con las del ejercicio 1.**

indefinido — presente

Ayer jugué al fútbol. — **Hoy** juego al fútbol.

marcadores de indefinido	marcadores de presente
ayer	hoy

Comunicación

3 **¿Qué hicieron estas personas? Haga las frases.**

1. María – la semana pasada – comer en un restaurante excelente

   ____

2. Yo – anoche – escribir una carta a Juan

   ____

3. Tino y Pilar – el año pasado – aprender a bailar salsa

   ____

4. ¿Juan y tú – ir – el verano pasado – a Cuba?

   ____

Vocabulario

6 ⇨ **4a** **Busque las formas de indefinido.**

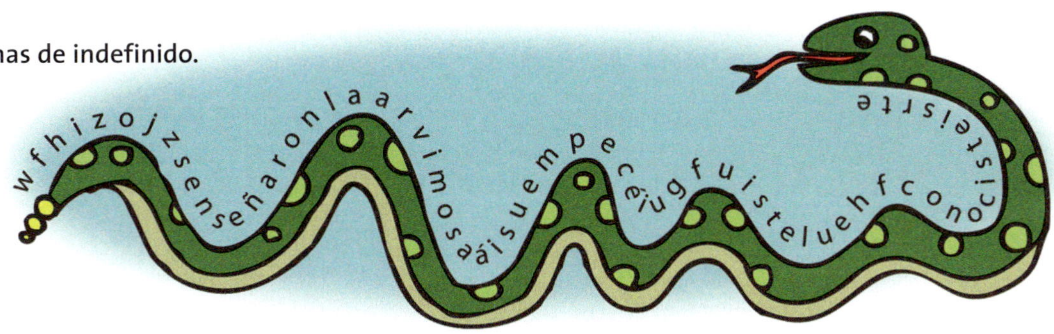

6 ⇨ **4b** **Complete con los indefinidos encontrados y escriba el presente e infinitivo correspondientes.**

	indefinido	presente	infinitivo
1. yo			
2. tú			
3. Pablo			hacer
4. Felipe y yo			
5. José y tú			
6. Eduardo y Lidia		enseñan	

4 ⇨ **5** **Busque las palabras que combinan y forme parejas. En algunos casos hay varias soluciones posibles.**

es – sociales – lo necesario – necesitados – un paseo – cómo empezar – que sí – decir nada

1. proyectos ____________
2. niños ____________
3. no saber ____________
4. no poder ____________
5. todo ____________
6. dar ____________
7. así ____________
8. claro ____________

12 6 **Complete la tabla.**

verbo	sustantivo
informar	la información
organizar	la ______________
______________	la preparación
______________	la necesidad
desarrollar	el ______________

Gramática

4b 7 **¿Qué letra falta? Complete con c/z/gu/g.**

comen__aste pa__é empe__ó comen__é nave__é almor__é ju__é pa__amos lle__é cru__aron lle__aron organi__aron empe__ó

10 8 **Complete con donde, quien, que.**

¡RECUERDA!
Que bezieht sich auf Personen und Sachen, quien bezieht sich nur auf Personen und donde auf Orte.

1. Nicolás hizo un recorrido por la bahía ______________ vio varios delfines.
2. Vive en una cabaña ______________ está en la playa.
3. La Sra. Traba viajó a Guatemala ______________ visitó a su ahijada.
4. La ahijada, ______________ vive en un pueblo ______________ se llama Corales, se alegró mucho.
5. La Sra. Traba conoció a la familia de Rebeca con ______________ pasó el día.
6. Rebeca le enseñó la escuela en Corales ______________ aprende a leer y a escribir.

¡RECUERDA!
Die Indefinido-Endungen sind bei fast allen unregelmäßigen Formen gleich. Die 1. und 3. Person haben keinen Akzent.

5b 9 **Conjugue los verbos siguientes en indefinido.**

	decir				
yo		di			
tú			estuviste		
él/ella/usted					
nosotros/-as				hicimos	
vosotros/-as					
ellos/ellas/ustedes					vinieron

6 ⇨ **10** **Pablo le escribe un « emilio » a Ana. Complete con los verbos en indefinido.**

empezar – viajar – cenar – poder – aprender (2x) – ir – ver (2x) – quedarse – enseñar – gustar – conocer – estar (2x) – escribir – ser (2x) – pasar – tener

CULTURA

En España en el lenguaje coloquial se usa a menudo el nombre « emilio » para referirse al correo electrónico.

Mail Archivo Edición Listado Buzón Mensaje Formato Ventana Ayuda

Mensaje nuevo

Enviar Dirección Adjuntar Tipo de letra Borrador Imprimir

Para:

Asunto:

¡Hola, Ana!

¡Oye, al final no ________ venir al cine, qué pena! La película ________ fantástica. A todos nos ________ mucho. Después ________ al centro y ________ tomando algo. Nos lo ________ genial. Y adivina a quién ________ (yo) ... ¡¡¡A tu hermano!!! A ver si hablamos.

¿Y sabes quién me ________ el otro día? ¡¡¡Nicolás desde Costa Rica!!! Está trabajando de voluntario. Me cuenta que al principio ________ que hacer un curso de preparación en San José, donde le ________ cómo trabajar en un vivero. ________ entre otras cosas a buscar huevos de tortuga. ¡¡¡Imagínate!!! Después del curso ________ a un lugar cerca de Panamá, en la costa del Caribe y allí ________ su trabajo. Durante la estancia en Gandoca-Manzanillo, ________ en una cabaña en la playa con los otros voluntarios. Dice que en este tiempo ________ mucho y que ________ a gente muy interesante. ________ sin duda una experiencia especial para él. Después del trabajo ________ en Bocas de Toros con unos amigos. Allí ________ delfines y ________ en un restaurante flotante. ¿Qué te parece? ¿Vamos nosotros el año que viene a Costa Rica? Bueno, a ver si nos vemos pronto. Un abrazo, *Pablo*

Comunicación

12 ⇨ **11** **Adivine qué es.**

1. Una persona que trabaja en el campo es un ________.
2. Un lugar con muchos árboles se llama ________.
3. En África mucha gente es pobre, vive en la ________.
4. Las personas que viven en un país son la ________ de ese país.
5. El lugar donde la gente se baña en el mar se llama ________.
6. Lo contrario de húmedo es ________.

Lectura y redacción

12a **En la unidad 1 ha aprendido mucho sobre Centroamérica. Complete.**

GUATEMALA

Tiene unos ____________ millones de habitantes.

La mitad es de origen ____________.

La capital es ____________.

Los productos típicos de Guatemala son ____________.

La temperatura media es de ____________.

COSTA RICA

La capital es ____________.

En Costa Rica hay ____________.

Gandoca-Manzanillo está cerca de ____________.

12b **Infórmese sobre Gandoca-Manzanillo.**

Gandoca-Manzanillo

Gandoca-Manzanillo es una reserva natural[1] de unas 5,303 hectáreas que está en la costa caribeña de Costa Rica, a 241 kilómetros de San José y a 12 kilómetros de Puerto Viejo. Es una de las zonas más bellas del país. La arena fina que baña las playas y los arrecifes de coral[2] hacen de esta región un paraíso para los amantes de la naturaleza[3] y de los deportes acuáticos.

En la reserva se protegen[4] animales en peligro de extinción[5], como los cocodrilos, o especies cuyo número ha disminuido, como los caimanes.

La mejor época para visitar la reserva es en la temporada seca: febrero, junio, septiembre y octubre. De marzo a mayo hay que tener en cuenta que es muy húmedo y hace mucho calor por lo que puede ser muy desagradable.

Actividades recomendadas:
- observación del desove[6] de la tortuga baula (de febrero a mayo)
- observación de delfines
- bucear
- caminar por el bosque o por el pueblo
- paseos a caballo o en lancha
- disfrutar del sol, el mar y la playa

1 la reserva natural *Naturschutzgebiet*
2 los arrecifes de coral *Korallenriffe*
3 los amantes de la naturaleza *Naturliebhaber*
4 proteger *schützen*
5 en peligro de extinción *vom Aussterben bedroht*
6 el desove *Laichen, Eiablage*

12c **Responda.**

1. ¿Qué es Gandoca-Manzanillo?
2. ¿En qué país se encuentra?
3. ¿Cuál es la mejor época para visitar la reserva?
4. ¿Qué animales se pueden observar?
5. ¿Qué actividades se pueden realizar?

2 AHORA ES DIFERENTE

Una vez más

Vocabulario

1 Describa en su cuaderno a estas dos personas.

Gramática

2 Complete la tabla con las formas correspondientes.

infinitivo		presente	indefinido	estar + gerundio
dar	yo		di	
	tú			estás viendo
	él/ella/usted	va		
	nosotros/-as		tuvimos	
	vosotros/-as		vinisteis	
	ellos/ellas/ustedes			están durmiendo

3 Complete con el indefinido.

Un domingo especial

__________ (levantarse / yo) pronto, __________ (ducharse / yo) rápido, __________ (desayunar / yo) y __________ (salir / yo) a la calle. __________ (llamar / yo) un taxi y __________ (irse / yo) a la estación. __________ (comprar / yo) el periódico y __________ (acercarse / yo) al andén. De pronto la __________ (ver / yo). Ella se acercó a mí y me __________ (decir): ¡Hola, Pablo! Yo __________ (quedarse) de piedra[1]. La _____ (mirar) durante unos minutos: ¡La chica de la escuela! _____ (decidir / nosotros) pasar el día juntos. _____ (ser) un día maravilloso. _____ (caminar / nosotros) y _____ (hablar / nosotros) mucho. _____ (comer / nosotros) en un restaurante muy romántico. _____ (volver / nosotros) en el último tren. Después de cuatro meses _____ (irse / nosotros) a vivir juntos. ¡Y todo gracias a una casualidad!

1 quedarse de piedra *seinen Augen nicht trauen*

Vocabulario

4 Recuerde las actividades relacionadas con estos dos temas. Escriba en su cuaderno.

2 ⇨

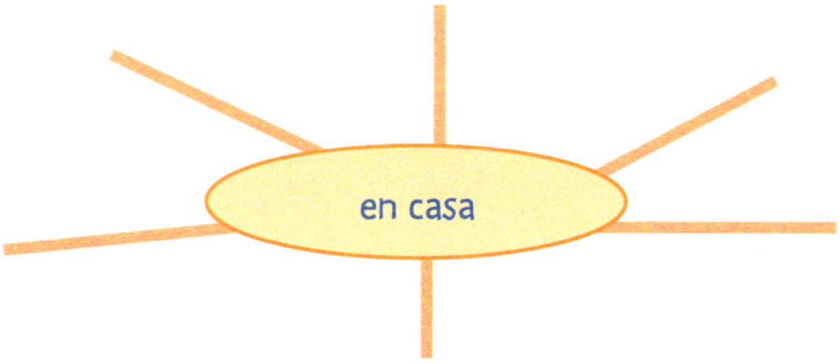

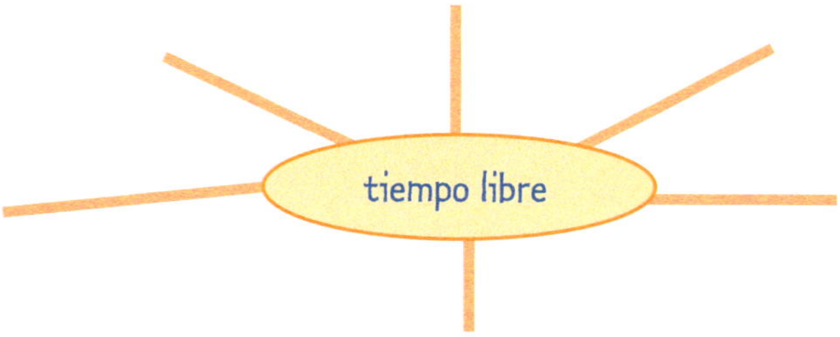

8 ⇨ **5a** Lea el anuncio y responda.

1. ¿Cuál es la profesión de este hombre?

_____

2. ¿Tiene familia?

_____

3. ¿Qué hace cuando llega a casa?

_____

_____

4. ¿Piensa usted que los hombres todavía son así?

_____

_____

¡MIRA!

no romper un plato = keiner Fliege etwas zu Leide tun

5b ¿Cómo eran los hombres antes y cómo son ahora? Escriba cinco frases.

Ejemplo: Antes los hombres eran diferentes. Antes no lavaban los platos, hoy sí.

Antes _____

_____

_____

_____

_____

Gramática

> **¡RECUERDA!**
> Das Verb haber (Präsens: hay) hat nur eine unpersönliche Form: die 3. Person Singular, había.

6a Conjugue los verbos en imperfecto en la persona indicada.

6

ir / María ______________

tener / ellos ______________

ser / tú ______________

ver / vosotros ______________

dormir / tú y yo ______________

salir / yo ______________

hacer / ella ______________

decir / ustedes ______________

poner / nosotros ______________

leer / usted ______________

6b Cuente lo que hacía Sara. Construya frases en imperfecto.

1. Todos los días / Sara / salir / con su amiga

____

2. Siempre / ver / las noticias / por la noche

____

3. Cada día / ir / a la piscina

____

4. Frecuentemente / acostarse / a las 22 h

____

11a **7** Complete con el tiempo que falta.

> **¡RECUERDA!**
> cuando + imperfecto = als / immer wenn
> cuando + indefinido = als

1. Yo ______________ (estar) en la playa tomando el sol. ______________ (haber) bastante gente y ______________ (hacer) sol cuando de pronto empezó ______________ a llover.

2. ____________ (ser) las once de la mañana.
____________ (estar) tomando un café y leyendo el periódico en el Bar Blanco.
Todo ____________ (estar) tranquilo cuando de pronto ____________ (oirse) un ruido horroroso.
¡Un accidente!

3. ____________ (estar / yo) en la plaza.
____________ (haber) mucha gente. Unos señores ____________ (tener) sombreros muy grandes.
De pronto ____________ (sacar / ellos) sus instrumentos, ____________ (quitarse) los sombreros y ____________ (empezar) a cantar. Me gustó mucho.

15 ⇨ **8a** **¿Recuerda el ejercicio 3? Lea la historia y decida qué tiempo tiene que utilizar.**

Un domingo especial

Me levanté pronto porque ____________ (querer) ir a las montañas. Me duché rápido, desayuné y ____________ (salir) a la calle. ____________ (hacer) un día maravilloso. Llamé un taxi y me ____________ (ir) a la estación porque ____________ (querer) coger el tren de las nueve. Como ____________ (ser) pronto no ____________ (haber) nadie en la estación. ____________ (comprar) el periódico y me acerqué al andén. ____________ (ser) el andén 4. De pronto la ____________ (ver). ____________ (ser) alta, ____________ (tener) el pelo negro y los ojos azules, un contraste mágico. Ella se acercó a mí y me ____________ (decir): ¡Hola, Pablo! Yo me quedé de piedra. ¡____________ (saber) mi nombre! ¡Fue increíble! La miré durante unos minutos ... ¡No ____________ (ser) posible! ¡____________ (ser) ella! ¡La chica de la escuela! No lo ____________ (poder) creer.

Decidimos pasar el día juntos. ____________ (ser) un día maravilloso. Paseamos y hablamos mucho. Comimos en un restaurante muy romántico que ____________ (estar) cerca de un lago. Volvimos en el último tren.

Después de cuatro meses nos fuimos vivir juntos. ¡Y todo gracias a una casualidad!

8b **Subraye los indefinidos en rojo.**

8c Conteste las preguntas y reflexione sobre el tiempo que se utiliza en cada caso.

¿Qué frases expresan ...
lo que pasó?
lo que hicieron las personas?

¿Qué frases expresan ...
cómo era el lugar, la situación?
cómo era la persona?

Comunicación

9 ¿Qué es lo que no les gusta? Haga frases con no y ni ... ni.

5a ⇨

Ejemplo: Tú / ir al cine / al teatro ⊠ Tú no vas ni al cine ni al teatro.

1. Mimi / comer / carne / pescado
2. Antonio y Juan / hablar / inglés / francés
3. A Quique / gustar / playa / mar
4. Nosotros / viajar / avión / barco
5. Luisa / conocer / París / Londres

Lectura y redacción

10a Responda.

¿Recuerda el nombre de algún político de Hispanoamérica?
¿Qué sabe de Bolivia? Escriba lo que sabe de este país.

10b Lea el texto y responda las preguntas.

1. ¿De qué país es presidente Evo Morales?
2. ¿Dónde nació?
3. ¿Cuál era la profesión de sus padres?
4. ¿Qué deporte le encantaba a Evo?
5. ¿Cómo era la casita donde vivían cuando era pequeño?

En 2007 se estrenó la película[1] « Evo Pueblo » que se basa en la vida de Evo Morales. Pero, ¿quién es Evo Morales?
Juan Evo Morales se convirtió en diciembre de 2005 en el primer presidente indígena de Bolivia. Algo que no debía de extrañar[2] en un país como Bolivia donde un 62 % de sus habitantes son indígenas. Pero el ser indígena no es una raza, es una clase social.
La historia de Evo es como de película. ¿Quiere usted saber por qué?
Evo nació el 26 de octubre del año 1959, en la comunidad de Isallavi, en el Departamento de Oruro en Bolivia. Sus padres, Dionisio Morales Choque y María Mamani eran campesinos y tuvieron siete hijos, de los cuales viven sólo tres.
Su familia producía patatas y criaba llamas[3]. Mientras cuidaba las llamas jugaba al fútbol, una gran afición de Evo que le llevó a fundar[4] con 13 años un equipo.

La casa de su niñez la describe Evo así: « En Isallavi vivíamos en una casita de adobe[5] y techo de paja[6]. Era pequeña: no más de tres por cuatro metros. Nos servía como dormitorio, cocina, comedor y prácticamente de todo; al lado teníamos el corral[7] para nuestros animales. Vivíamos en la pobreza como todos. »
A los 13 años, en 1972, se trasladó a Oruro, para seguir sus estudios. Mientras estudiaba trabajó entre otras cosas como panadero. Después del servicio militar[8] se ganó la vida en una banda de música donde tocaba la trompeta.
Si desea saber más sobre la vida de Evo, usted puede consultar www.evomorales.net

1 estrenarse una película *einen Film uraufführen*
2 extrañar *befremden, überraschen*
3 criar llamas *Lamas züchten*
4 fundar *gründen*
5 adobe *Lehmziegel*
6 techo de paja *Strohdach*
7 el corral *Hof, Stall, Gatter*
8 el servicio militar *Militärdienst*

3 ¿TIENES ALGÚN HOBBY?

Una vez más

Gramática

1 **Complete con el tiempo adecuado.**

Una fiesta de cumpleaños

El año pasado ________________ (tener / yo) una idea para el día del cumpleaños de mi hermano: hacer una fiesta sorpresa para él.
Como no ________________ (saber) los números de teléfono de todos sus amigos, ________________ (llamar) a su amigo Felipe y él me ________________ (ayudar) a hacer la lista de invitados. Felipe ________________ (ser) muy amable.
A los amigos a los que ________________ (conocer) personalmente los ________________ (llamar) yo por teléfono y les ________________ (decir) que la fiesta ________________ (ser) una sorpresa. Al resto los ________________ (llamar) Felipe.
Por fin ________________ (llegar) el día. Primero ________________ (ir / nosotros) a comprar todo lo que ________________ (necesitar / nosotros). ________________ (ser) sábado y las tiendas ________________ (estar) llenísimas. ¡Qué horror! Después ________________ (empezar / nosotros) a preparar todo: bebidas, algo para picar, pasteles, etc. Por la noche, ________________ (venir) los amigos y todos ________________ (estar) muy contentos. Yo ________________ (estar) muy cansada pero feliz.
Mi hermano y su amigo ________________ (llegar) a casa. Todo ________________ (estar) oscuro.
Cuando mi hermano ________________ (abrir) la puerta le ________________ (cantar / nosotros) « cumpleaños feliz ». Mi hermano no se lo ________________ (poder) creer. Un amigo ________________ (sacar) la guitarra y ________________ (tocar) y ________________ (bailar / nosotros) toda la noche. Y al final ________________ (tomar / nosotros) chocolate con churros.
¡La fiesta ________________ (ser) un éxito!

Comunicación

2 **Responda. Wie sagen Sie, wenn ...?**

1. Sie sich mit jemandem am Abend verabreden möchten? ________________
2. Sie den Ort erfragen wollen, an dem Sie sich treffen? ________________
3. Sie sich vor dem Kino verabreden wollen? ________________
4. Sie vorschlagen wollen, sich um 21 Uhr zu treffen? ________________

3 Traduzca las frases utilizando los siguientes verbos.

interesar algo a alguien – encantar algo a alguien – gustar algo a alguien – odiar algo – parecerle ... algo/alguien a alguien

1. Mich interessiert Politik.
2. Antonio gefällt es sehr, ins Theater zu gehen.
3. Deine Eltern lieben Jazz.
4. Wir mögen klassische Musik sehr.
5. Ich finde Pedro sehr nett.
6. Meine Schwestern lieben es, einkaufen zu gehen.
7. Ich hasse Schnee.
8. Alexander interessiert sich nicht für Fußball.

Vocabulario

3 ⇨ **4** ¿Con qué actividades se combinan los verbos siguientes?

Gramática

10 ⇨ **5a** ¿Conoce a Quino? Mire el cómic y responda.

1. ¿Dónde se conocieron?

____

____

2. ¿Qué pasó?

____

____

3. ¿Qué es lo qué más les gustaba hacer juntos?

____

4. ¿Qué cree que era lo que más les aburría?

____

5b **Después de 20 años ...**

1. ¿Cómo es la vida de los personajes después de 20 años?
2. ¿Qué cree que es lo que más les aburría/divertía/interesaba?

Supongo que ...

Creo que ...

Me parece que ...

5c **¡Así es la vida! Complete.**

Ella __________ (cocinar) todos los días, pero su marido __________ (odiar) la comida que ella preparaba. A la señora no le __________ (gustar) limpiar todo el día. __________ (discutir / ellos) mucho por cualquier cosa. No __________ (tener / ellos) dinero para pagar las facturas. Después de 20 años todavía __________ (dormir / ellos) en la misma cama, pero no __________ (conocerse).

6a **Lea y traduzca los verbos subrayados.**

1. Trabajaban en la misma empresa pero no se <u>conocían</u>. __________
2. Lo <u>conocí</u> en la universidad. __________
3. En el colegio él siempre <u>sabía</u> todo. __________
4. Yo <u>supe</u> la noticia el lunes. __________
5. De pequeño yo siempre <u>tenía</u> mucha hambre. __________
6. Ayer no desayuné y <u>tuve</u> hambre pronto. __________

6b **Complete la tabla en alemán con los significados correspondientes.**

Wir verändern die Bedeutung einiger Verben.

imperfecto	infinitivo	indefinido
	conocer	
	saber	
	tener	

6c **¿Imperfecto o indefinido? Traduzca.**

1. Alicia und Nuria kannten deinen Bruder sehr gut.
   ____
2. Ich habe meinen Freund auf einem Italienurlaub kennengelernt.
   ____
3. Clara kannte die Stadt sehr gut.
   ____
4. Ich wusste nicht, dass der Prado in Madrid ist.
   ____
5. Gestern Abend hatten wir eine gute Idee.
   ____
6. Der Chef hatte ein Haus in Formentera.
   ____

7 ⇨ **7a** **Y ahora, ¡a cantar! Complete la canción infantil con indefinido o imperfecto.**

Había una vez un barquito chiquitito

Había ______ (haber) una vez un barquito
chiquitito que no ______ (saber),
que no ______ (saber) navegar.
______ (pasar) un, dos, tres, cuatro, cinco y seis
semanas y aquel barquito ______ (navegar).

CULTURA

En Hispanoamérica y en España se utiliza mucho el diminutivo.

7b **Haga usted una canción parecida utilizando el pasado y el superlativo.**

____
____
____
____
____

Comunicación

7 ⇨ **8** **Transforme las frases.**

1. El chico es muy alto. Es altísimo.
2. El pastel está muy rico. ______________________________
3. La casa es muy grande. ______________________________
4. La escritora es muy famosa. ______________________________

5. El agua está muy fría. ______

6. El indefinido es muy difícil. ______

7. La actriz es muy guapa. ______

8. El libro es muy interesante. ______

12 ⇨ **9** Relacione.

1. ¿Tienes alguna revista española?
2. ¿Qué vas a hacer el sábado por la tarde?
3. ¿Hablaste ayer con alguien de la empresa?
4 ¿Vas al cine a menudo?
5. ¿Tomas algo?
6. ¿Coleccionas algo?
7. ¿Tienen algún plato sólo con verdura?
8. ¿Algo más?

a) No, no tenemos ninguno.
b) No, no tomo nada.
c) No, no hablé con nadie.
d) No, no colecciono nada.
e) Voy poco, sólo algunos fines de semana.
f) No, nada más.
g) No voy a hacer nada especial.
h) No, no tengo ninguna.

Lectura y redacción

10a Lea el artículo.

SE INAUGURÓ EN RENEDO DE ESGUEVA, VALLADOLID, « EL VALLE DE LOS SEIS SENTIDOS[1] »

En una finca de unos 18.000 m², 400 niños entre 3 y 16 años pueden aprender jugando con 60 juegos científicos.
En el parque hay diferentes zonas, que quieren desarrollar los sentidos: los cinco tradicionales y el sexto, la imaginación[2] de los niños.
Además los niños con o sin discapacidad[3] pueden compartir los juegos. Así por ejemplo pueden jugar con el « Puente de Cuerdas »[4], un puente de 18 metros unido por dos pirámides de más de 8 metros (de altura). Parece un puente normal pero es el único que también es para personas en silla de ruedas[5].
El juego más novedoso[6] es el Columpio asociado[7]. Un columpio se mueve[8] y con la energía mueve al otro columpio sin este hacer nada.
En el « Palacio de los sentidos » hay piedras de la zona, y los niños pueden balancearse[9] sobre una o pueden mover una de varias toneladas con una sola mano.
Estos y muchos otros juegos novedosos esperan a[10] grandes y chicos en « El Valle de los seis sentidos » durante todo el año.

HORARIO
De octubre a marzo: De 11:00 h a 18:00 h
De abril a septiembre: De 11:00 h a 21:00 h

PRECIOS
Entrada única: 3 euros
Grupos (+ 15 personas): 2 euros
Menores de 3 años: entrada gratuita

1 los sentidos *Sinne*
2 la imaginación *Vorstellungskraft*
3 la discapacidad *Behinderung*
4 el Puente de Cuerdas *Seilbrücke*
5 la silla de ruedas *Rollstuhl*
6 novedoso *neu*
7 el Columpio asociado *zusammenhängende Schaukel*
8 moverse (ue) *sich bewegen*
9 balancearse *balancieren*
10 esperar a *warten auf*

10b Conteste.

1. ¿Es un parque pequeño?
2. ¿Para qué público es?
3. ¿Cuándo abre?
4. ¿Cuánto cuesta la entrada al parque?
5. ¿Por qué se llama « El Valle de los seis sentidos »?

4 ¿QUÉ TAL EL DÍA?

Una vez más

Vocabulario

1 **¿Cómo se dice en español?**

Selbstverständlich! ____________________

Es hängt davon ab. ____________________

Natürlich! Klar! ____________________

Was soll's! ____________________

So ist es! ____________________

Gramática

2 **Elija la preposición correcta.**

a – en – desde – de – hasta – por

CULTURA

en Hispanoamérica	en España
un cuarto para las ocho	las ocho menos cuarto

1. __________ aquí se ve muy bien el mar.
2. Yo me levanté __________ las 8 __________ la mañana.
3. Tienes que seguir __________ el final de la calle.
4. __________ las tardes no trabajo.
5. Estoy __________ el gimnasio __________ las 8 __________ las 9 h.
6. Estoy en el gimnasio __________ 8 __________ 9.
7. El día __________ tu cumpleaños estaba __________ Roma, __________ eso no podía llamarte.
8. Tomo un bocadillo __________ jamón y queso.
9. __________ un lado trabajar en casa tiene ventajas, __________ otro tiene también desventajas.

Vocabulario

3 ⇨ **3** **Busque la palabra que no va en cada serie.**

1. tierra – cielo – agua – sancocho
2. romántico – enamorarse – maravilloso – original
3. íbamos – hablaban – corría – día
4. llaves – casa – ordenador – verde
5. trimestre – semana – excursión – año
6. llegué – fui – durmió – leyendo

10 ⇨ **4** **Escriba dentro de los dibujos los marcadores temporales que recuerda.**

indefinido imperfecto perfecto

5b ⇨ **5** **Sopa de letras. Busque nueve participios.**

a	l	p	s	v	l	n	g	v	o	m
p	s	u	l	i	e	a	e	s	s	m
f	a	e	s	d	i	c	h	o	c	l
v	i	s	t	o	d	a	a	x	h	a
s	u	t	o	l	o	i	d	o	e	s
l	l	o	m	q	z	e	q	d	c	w
i	o	b	a	t	g	e	h	a	h	e
b	w	u	d	o	r	m	i	d	o	c
i	t	l	o	u	j	f	j	o	k	t

Gramática

¡RECUERDA!

Die Pronomen stehen immer vor dem konjugierten Verb oder hinter dem Infinitiv: me he levantado – levantarme.

6 ⇨ **6** **Ordene las palabras.**

1. le gustado la película ha A Pedro no mucho.

2. domingo hemos tarde nos Hoy es levantado porque.

3. Hoy después he me de duchado levantarme.

4. encantado A los les estudiantes ha el libro.

5. han la tele y se visto después han Ramón y Blanca acostado.

11 ⇨ **7** **Elija el tiempo correcto.**

1. Esta semana he perdido / perdí dos veces el tren y he llegado / llegué tardísimo al trabajo.
2. La semana pasada he ido / fui a Mallorca.
3. ¿Habéis estado / Estuvisteis alguna vez en México?
4. Anoche vi / he visto una película fantástica.
5. ¿Le has mandado / mandaste ya la postal a tu amiga?

6 ⇨ **8a** **Vacaciones en Tenerife. Complete con el imperfecto, el perfecto o el indefinido.**

1

2

3

Inge: Esta primavera ______________ (estar / tú) en Tenerife, ¿verdad?

Asunción: Sí. Y la isla me ______________ (encantar) ¡Es preciosa!

Inge: Y, ¿______________ (ir / tú) sola?

Asunción: No, con Andrea. Mira, aquí tengo unas fotos. El hotel ______________ (ser) pequeño pero muy bonito. Desde el balcón ______________ ☐ (poder / nosotras) ver el Teide. ______________ (ser) increíble.

Inge: ¡Ay, qué romántico! ¿Y ______________ (subir / vosotras) al Teide?

Asunción: Sí, claro. Mira. ¿______________ (saber / tú) que para los guanches, los antiguos habitantes de Tenerife, el Teide ______________ (ser) un lugar sagrado donde ______________ (vivir) el demonio[1]?

Inge: ¡No me digas! Y, ______________ (pasar / vosotras) la noche allí?

Asunción: No, nosotras ______________ (subir) por la mañana y ______________ (bajar) por la tarde en guagua, así llaman a los autobuses en Tenerife.

Inge: ¿Y qué ______________ (hacer / vosotras) allí?

Asunción: Pues, primero ______________ (subir / nosotras) al Teide, después ______________ (ir / nosotras) a un museo interesante que hay sobre la historia y al final ______________ (decidir / nosotras) hacer senderismo en Las Cañadas del Teide: cuatro horas. Pero el paisaje ______________ (ser) impresionante ... Y ______________ (estar / nosotras) casi solas. ¡Mira qué bonito! Y esto es Icod de los Vinos con el famoso Drago Milenario que tiene más de mil años. ☐

Inge: ¡Es gigante!

Asunción: Éste es el mercado de Santa Cruz. ☐ Allí ________________ (comprar / nosotras) fruta y otras cosas típicas como mojo.

Inge: Y esto son los famosos plátanos de Canarias, ¿no? ☐

Asunción: ¡Exacto! Aquí ________________ (estar / nosotras) en la Plaza del Ayuntamiento de Orotava. ________________ (estar / ellos) haciendo unos cuadros gigantes. ¿A qué no sabes con qué? ¡¡¡Con arena de diferentes colores!!! ☐

Inge: ¡Fantástico! Y, ¿no ________________ (estar / vosotras) en la playa?

Asunción: Pues, la verdad, es que casi no. Si quieres hacer turismo de playa es mejor el sur. Pero en el norte naturalmente también hay playas. Y si no, hay piscinas al lado del mar ☐, como ésta en Puerto de la Cruz, de César Manrique.

Inge: ¡Ah! ¡Qué interesante!

1 el demonio *Teufel*

8b **Lea el texto otra vez. ¿De qué fotos habla Asunción? Escriba los números en los recuadros.**

8c **Escriba cinco frases sobre el viaje de Asunción. Utilice el pretérito perfecto.**

Ejemplo: Asunción y su amiga han ido a Tenerife y les ha gustado mucho.

Comunicación

12 ⇨ **9** **¿Qué significan las siguientes expresiones? Combine.**

1. ¡Qué lástima!	a) Wirklich?
2. ¡Lo siento!	b) Ja, genau!
3. ¡No pasa nada!	c) Ach was! / Überhaupt nicht!
4 ¡No me digas!	d) Schade!
5. ¡Qué va!	e) Tut mir Leid!
6. ¡Así es!	f) Kein Problem!
7. ¿De verdad?	g) Was du nicht sagst! / Sag bloß!

13b ⇨ **10** **Complete las frases. Hay varias posibilidades.**

buen/o/a – mal/o/a – grande / gran – tercer/o – primer/o

1. El vino de Toro es muy ______________.
2. Hace sol. Hace ______________ tiempo.
3. La ciudad es muy ______________.
4. Es un ______________ pintor.
5. Su hermano es un ______________ amigo de Raúl.
6. Ellos viven en el ______________ piso y yo en el ______________.

Lectura y redacción

11a **Lea el texto.**

EL TEIDE, DECLARADO PATRIMONIO DE LA HUMANIDAD[1]

El Parque Nacional del Teide (Tenerife) ha sido elegido[2] Patrimonio Natural de la Humanidad por la UNESCO, organización de la ONU.
El Parque Nacional del Teide está situado en la isla de Tenerife, en el archipiélago[3] de Canarias. El parque tiene unas 18.990 hectáreas, donde se encuentra el volcán Teide-Pico Viejo, con 3.718 metros de altitud la montaña más alta de España. El cono volcánico[4] del Teide se yergue[5] a 7.500 metros por encima del fondo marino[6], y se cree que es el tercer volcán más grande del mundo por su tamaño[7]. Su importancia como patrimonio mundial radica en que[8] « es un testimonio[9] vivo de los procesos geológicos subyacentes[10] a la evolución de las islas oceánicas y, por lo tanto, viene a completar otros sitios volcánicos ya en la Lista del Patrimonio Mundial », explicó la UNESCO.

Fuente: www.ecos-online.de – 24.10.07 – texto adaptado

1 el Patrimonio de la Humanidad *Welterbe*
2 elegir *auswählen*
3 el archipiélago *Inselgruppe*
4 el cono volcánico *Vulkankegel*
5 erguirse *sich erheben*
6 el fondo marino *Meeresgrund*
7 el tamaño *Größe*
8 radica en que *besteht darin, dass*
9 el testimonio *Zeugnis*
10 subyacente *zu Grunde liegend*

11b **Corrija las frases si es necesario.**

1. El Teide es un museo en Gran Canaria.
2. El Teide es la montaña más alta de las Islas Canarias.
3. El Teide es el único volcán declarado Patrimonio Natural de la Humanidad.
4. El Teide es el volcán más grande del mundo.

5 ¿A QUÉ TE DEDICAS?

Una vez más

Vocabulario

1 **Escriba lo contrario de las siguientes palabras.**

1. delante
2. cerca
3. a la derecha
4. caro
5. moderno
6. grande
7. debajo
8. rápido

Gramática

2 **¡Maite no encuentra nada! Ayúdela.**

¡RECUERDA!
Steht das direkte Objekt vor dem Verb, wird es stets mit einem Pronomen verdoppelt.

Rosa, la mejor amiga de Maite, la quería ayudar y ha ordenado todo, pero ahora Maite no encuentra nada. Maite le pregunta: ¿Dónde has puesto? Ella reflexiona: « ¿Dónde he puesto ...? ».

¿Dónde has puesto?

¿Dónde he puesto ...?

la silla: La silla la he puesto en la cocina, a la derecha de la nevera.

el ordenador: ______

la camiseta azul: ______

los platos: ______

el móvil: ______

las gafas: ______

el libro: ______

Comunicación

3 **Hablando del trabajo. Was sagen Sie, wenn Sie jemanden ...**

1. fragen, was er/sie beruflich macht?
2. fragen, ob er/sie in einer großen Firma arbeitet?
3. fragen, seit wann er/sie dort arbeitet?
4. fragen, ob ihm/ihr seine/ihre Arbeit gefällt?
5. fragen, ob er/sie alleine im Büro arbeitet?
6. fragen, ob er/sie viel mit dem Computer arbeiten muss?
7. fragen, wie er/sie zur Arbeit kommt?
8. fragen, wie lange er/sie zur Arbeitsstelle braucht?

4 **Responda las preguntas del ejercicio 3.**

Vocabulario

2a ⇨ **5** **¿Qué preposición es correcta? Una con flechas.**

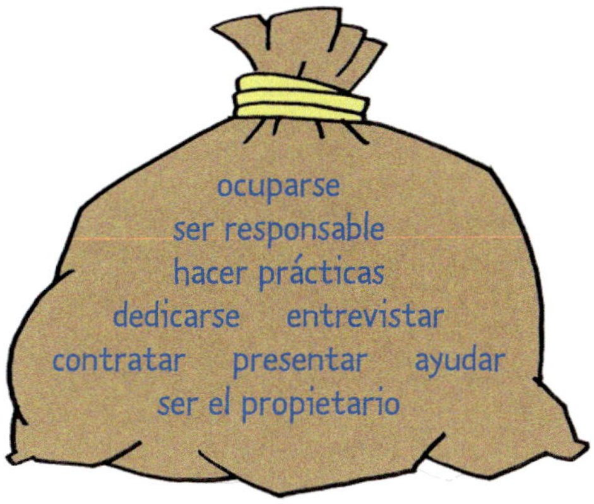

2b ⇨ **6** **¿Quién hace qué? Busque las tres partes del rompecabezas (puzzle).**

Ejemplo: El/La autónomo/-a trabaja por cuenta propia.

el/la autónomo/-a
lleva
el jefe/la jefa de personal
trabaja por
los productos
vende
el/la asistente de dirección
el jefe / la jefa de ventas
ayuda al
contrata a
cuenta propia
administrativo/-a
alguien
gerente
las cuentas

11 ⇨ **7** **Jugando al « memory ». Busque la pareja.**

1 el portátil	2 el teclado	3 el disco duro	a 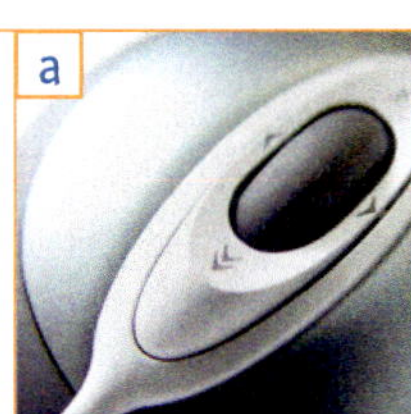	b 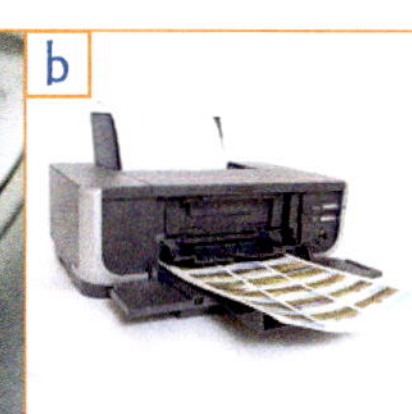	c 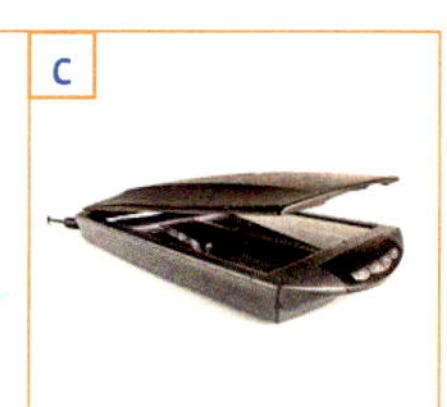
4 la grabadora de DVD	5 la pantalla	6 los altavoces	d 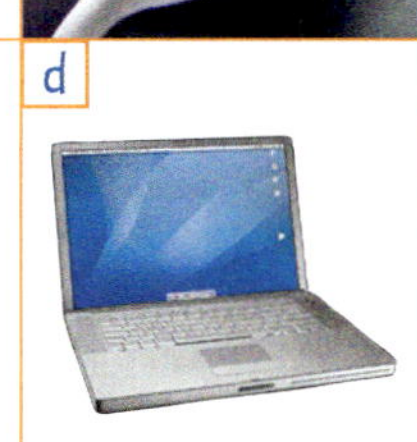	e 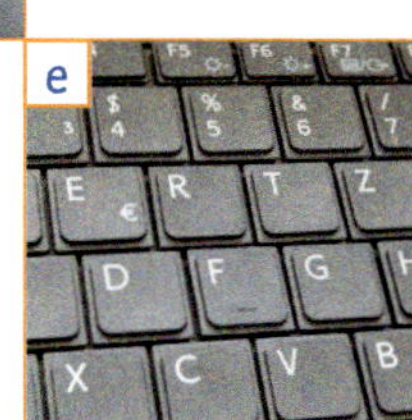	f 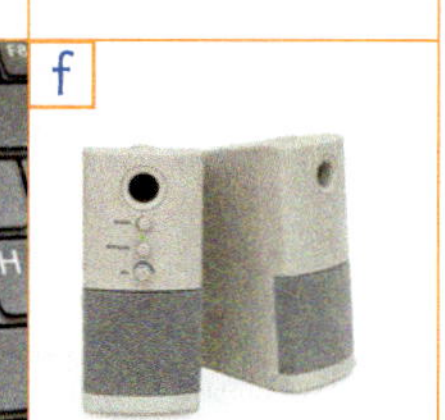
7 el ratón	8 la impresora	9 el escáner	g 	h 	i 

Gramática

8a ¿Recuerda estas expresiones? ¿Qué significan?

7 ⇨

1. ¡Por supuesto!
2. ¡Por favor!
3. por casualidad
4. por fin
5. por suerte
6. por aquí
7. por primera vez
8. por último
9. por un lado ... por otro lado
10. el diez por ciento
11. gracias por ...
12. por ti

8b Complete la frase con por o para.

1. ¿Has llamado ________ teléfono a tu madre ________ darle la buena noticia?
2. Ayer llamó una chica ________ el puesto vacante ________ la recepción.
3. Llamo ________ saber a qué hora es la reunión.
4. La secretaria me ha mandado la información ________ Luis ________ correo.
5. ________ las noches salgo ________ divertirme y no (salgo) ________ discutir.
6. Siempre salgo de casa ________ la puerta principal.
7. Laura ha terminado el informe ya porque su jefe lo necesita. Lo ha hecho ________ él (seinetwegen).
8. El tren ________ Madrid pasa ________ Burgos.
9. He comprado un regalo ________ ti porque es tu cumpleaños.
10. La llave es ________ la puerta del piso.
11. En verano hice un viaje ________ Chile ________ practicar español.

¡RECUERDA!

Por beschreibt meistens den Grund oder die Ursache, bei Orten den Durchgangsort. Para beschreibt das Ziel oder die Bestimmung.

Die Präpositionen verändern die Bedeutung.

5a ⇨ **9** Lea y coloque los acentos que faltan.

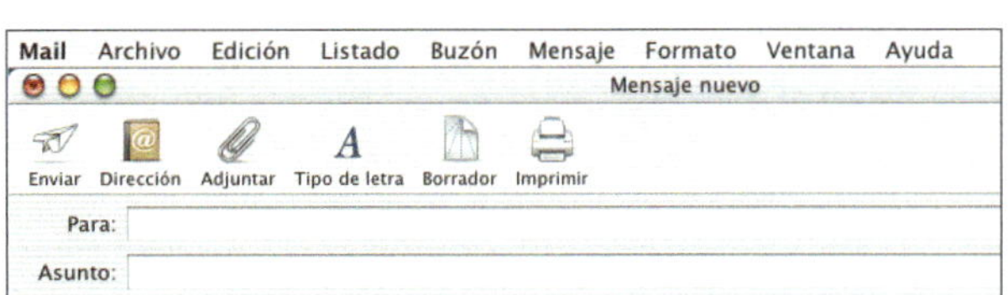

Estimado Sr. Garrido:
Muchas gracias por la informacion. El avion llega a Malaga a las tres de la tarde. No se donde esta su oficina. ¿Puede enviarme la informacion necesaria?
Atentamente,
Maria Fernandez

Querida Susana:
Te mando muchos saludos desde Leon. Aqui todavia hace mucho frio, pero la familia donde vivo es muy simpatica. La ciudad tambien me gusta mucho. Acabamos de comer en un restaurante tipico y la comida estaba buenisima. ¡Tienes que venir!
Un beso
Heike

13 ⇨ **10a** **¡Martes y 13! Complete con el tiempo que convenga.**

CULTURA

En España e Hispanoamérica el martes 13 es el día de mala suerte.

Diana: ¡Ayer ________________ (ser) martes y trece! ¡Me lo imaginaba! ¡Tantas catástrofes a la vez!

Elena: Pero, ¿qué te ________________ (pasar)?

Diana: Mira, ________________ (llegar) tardísimo al trabajo porque el despertador no ________________ (sonar). Además en la calle Bernabé ________________ (haber) un accidente y naturalmente un atasco y por eso ________________ (tener) que esperar una hora. Cuando ________________ (llegar) a la oficina lo primero que ________________ (hacer) fue encender el ordenador. Después de un tiempo ________________ (bloquearse) el sistema y ________________ (perder) todos los datos. ________________ (llamar) al técnico pero no ________________ (estar).

Elena: ¡Qué mal!

Diana: Pero eso no es todo. ________________ (bajar) a la cafetería a tomar un café para tranquilizarme y después ________________ (llamar) otra vez al técnico.

Elena: ¿Y?

Diana: Esta vez ________________ (estar) y ________________ (venir) en seguida. Pero cuando él ________________ (encender) el ordenador todo ________________ (funcionar) de maravilla.

Elena: ¿No me digas?

Diana: Sí. Yo no lo podía creer. Pero bueno, contenta ________________ (sentarse) a trabajar. Ya sabes que esta tarde Juanjo tiene una reunión muy importante y yo ________________ (querer) ayudarle. ________________ (terminar) todo y cuando ________________ (querer) imprimir los documentos la impresora no ________________ (funcionar). Intenté mandárselos por « emilio » pero no ________________ (tener) conexión.

Elena: ¡Pobrecita! ¡Qué día!

10b **Escriba cinco cosas que le pasaron ayer a Diana.**

Comunicación

¿Dónde está/n?

4⇨ **11** **Usted es nuevo/-a en la empresa. Pregunte por los siguientes lugares.**

Ejemplo: ¿Dónde está el departamento de Recursos Humanos?

– Está a la derecha, al lado del departamento de ...

los servicios ______________________

la cafetería ______________________

el departamento de Marketing ______________________

el ascensor ______________________

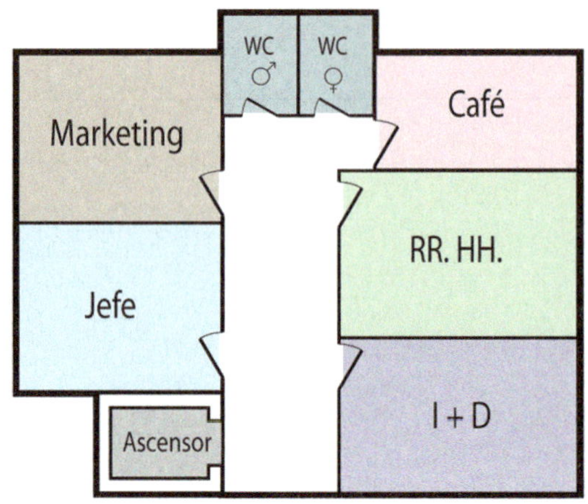

12 **Traduzca.**

8⇨

1. Ich freue mich sehr für dich.
2. Es ist zu früh, um ins Bett zu gehen.
3. Viele Leute arbeiten in dieser Firma.
4. Zu viele Leute kommen zu spät zur Arbeit.
5. Der Chef ist sehr sympathisch.
6. Es gibt viel Armut auf der Welt.
7. Zu Hause habe ich viele CDs, zu viele.
8. Viele Paare arbeiten außer Haus.

Lectura y redacción

13a **Lea el siguiente artículo.**

Dos españolas entre las cien mujeres más poderosas[1] del mundo

La revista Forbes ha publicado por cuarta vez su ranking de las mujeres más poderosas.

Entre ellas se encuentran dos españolas: la banquera Ana Patricia Botín y la empresaria Rosalía Mera, cofundadora[2] de Inditex.

Por segundo año ocupa el primer puesto la canciller alemana, Ángela Merkel, porque, según Forbes, Merkel volvió a impresionar[3] por su carisma en las cumbres[4] en 2007, sobre todo la del G-8 en mayo, donde se decidió la reducción de las emisiones de dióxido de carbono[5].

La presidenta chilena Michele Bachelet, en el puesto 27, es la primera mujer latinoamericana de la lista.

Dos españolas

Los orígenes de estas dos mujeres, Ana Patricia Botín, puesto 40°, y Rosalía Mera, puesto 76°, no tienen nada en común.

Ana Botín es hija del Presidente del Banco de Santander, Emilio Botín, y tiene 26 años de experiencia. La revista le augura[6] un futuro parecido al de su padre.

Rosalía Mera fundó con el empresario Amancio Ortega, su ex marido, Confecciones Goa, y más tarde Inditex. Su fortuna[7] viene de fundar este último grupo, al que pertenece entre otras Zara, y que hoy en día es la segunda empresa textil del mundo, detrás de Gap. De Rosalía Mera la revista Forbes escribe que siendo una de las mujeres más ricas de España, en los últimos años ha abandonado los negocios para ayudar a los necesitados.

Texto adaptado de EL PAIS - 31/08/2007

1 poderoso/-a *mächtig, einflussreich*
2 la cofundadora *Mitbegründerin*
3 impresionar *Eindruck machen*
4 las cumbres *Gipfeltreffen*
5 la reducción de las emisiones de dióxido de carbono *die Verringerung des CO^2 Ausstoßes*
6 augurar *vorhersagen*
7 la fortuna *Vermögen*

13b **Conteste.**

1. ¿Quién es según Forbes la mujer más poderosa del mundo?
2. ¿Cuántas mujeres latinoamericanas han sido nominadas en los últimos años por la revista Forbes?
3. ¿Qué mujeres españolas se encuentran entre las más poderosas? ¿Qué hacen estas mujeres?

6 ¡QUÉ NOTICIA!

Una vez más

Vocabulario

1 **Busque los siete países de Hispanoamérica.**

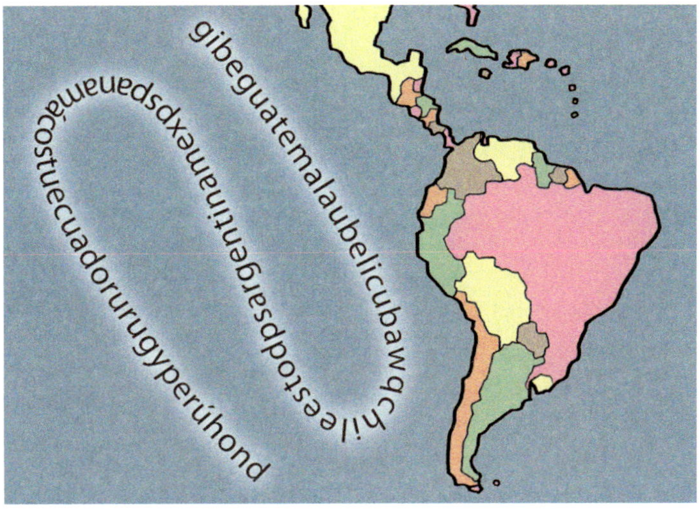

Gramática

2 **Complete con la forma correcta del pretérito perfecto, pretérito indefinido o pretérito imperfecto.**

Ayer ________________ (leer) una noticia curiosa en el periódico. Te cuento:
________________ (ser) un día muy bonito y ________________ (hacer) calor. Un hombre ________________ (estar) en el parque con su hija; él ________________ (disfrutar) del buen tiempo y la niña ________________ (jugar) con otros niños. ________________ (Haber) mucha gente, que ________________ (hablar), ________________ (comer) y ________________ (beber) algo o ________________ (leer).

De repente el hombre ________________ (tener) una sensación[1] muy extraña. Por un momento ________________ (ver) la luz de una estrella en el cielo. En ese momento ________________ (sorprenderse) mucho. ________________ (Querer) moverse[2], pero no ________________ (poder). Después todo ________________ (pasar) muy rápidamente: el cielo ________________ (ponerse) muy oscuro, después rojo y al final ________________ (llover) fuego.

El hombre ________________ (buscar) a las otras personas, pero sólo ________________ (ver) a su hija. Entonces él ________________ (correr) hacia la niña, la ________________ (tomar) en los brazos y ________________ (llegar) hasta su coche. Allí él y la niña ________________ (protegerse) y así el hombre le ________________ (salvar) la vida a su hija. Un momento después la luz ________________ (reducirse) y todo ________________ (ser) como antes. El problema es que nadie ________________ (ver) nada, ni ________________ (oír) nada. Sólo la niña y su padre.

Desde ayer los bomberos buscan rastros[3] del fuego, pero hasta ahora no ________________ (encontrar) nada. El hombre y su hija ________________ (contar) la historia muchas veces, pero nadie ________________ (ver) nada. Es como una película de ciencia ficción. ¡Qué raro!, ¿verdad?

1 la sensación *Gefühl* 2 moverse *sich bewegen* 3 el rastro *Spur*

Vocabulario

3 ⇨ **3** **Complete con las palabras del recuadro.**

periódico – sección – política – título – anuncio – noticia

el nombre del ____________________

EL PAÍS
www.elpais.com
EL PERIÓDICO GLOBAL EN ESPAÑOL
LUNES 30 DE JUNIO DE 2008 | Año XXXIII | Número 11.339 | EDICIÓN NACIONAL | Precio: 1,10 euros

Mugabe consuma el pucherazo
El dictador de Zimbabue se inviste presidente PÁGINA 4

La crisis paraliza Hollywood
Los rodajes caen entre amenazas de huelga PÁGINA 44

El Manifiesto ya no es razonable
Artículo del premio Cervantes Antonio Gamoneda PÁGINA 35

Los jugadores españoles, entre ellos Fernando Torres, Cesc e Iker Casillas, levantan la copa tras vencer en el campeonato de Europa a Alemania (1-0) en la final de Viena./ AFP

España conquista Europa

- Torres marca el gol de la victoria ante Alemania (1-0) en la final de Viena
- La selección logra su segunda Eurocopa en la despedida de Aragonés

JOSÉ SÁMANO
Viena

El mejor fútbol de España conquistó ay[illegible]opa. En una final inten[illegible] la selección derrotó a [illegible]lemania con un gol de Fernando Torres. Hacía 44 años que España no lograba algo semejante en la Eurocopa. España fue netamente superior. Fernando Torres fue el protagonista y cerró un gran campeonato con el gol del 1-0 en el primer tiempo. El único tanto del encuentro, pero también el definitivo. Alemania, pesada y sin juego, fue incapaz de inquietar a Casillas. La selección se corona así en la cima del fútbol europeo con una generación de futbolistas jóvenes y sin complejos que han barrido las maldiciones del pasado y anuncian una nueva era repleta de ilusión. Aragonés deja la selección. Tras él queda un éxito para la historia. PÁGINAS 53 A 64

EDITORIAL EN LA PÁGINA 32

PSOE y PP ultiman un pacto frente a la crisis judicial

FERNANDO GAREA, Madrid

Ambos partidos quieren cerrar un pacto para la renovación del Consejo General del Poder Judicial, en funciones desde hace 19 meses, y de cinco magistrados del Constitucional. PÁGINA 13

PRIMER MAPA DE GASES CONTAMINANTES POR AUTONOMÍAS

La emisión de CO_2 se dispara en Madrid y la costa urbanizada

RAFAEL MÉNDEZ
Madrid

España es el país europeo que más se ha alejado del compromiso de reducción de emisiones del Protocolo de Kioto. Y son especialmente la Comunidad de Madrid y las autonomías que más han urbanizado sus costas las que han impulsado vertiginosamente el desajuste entre el compromiso y la realidad. Andalucía, Baleares, Canarias, Comunidad Valenciana y Murcia han aumentado sus emisiones más de un 75% respecto al nivel de 1990, cuando Kioto fija que sólo deben aumentar un 15% para 2010. La media española es de un 50% más. EL PAÍS ha tenido acceso al primer estudio por comunidades. PÁGINA 38

Emisiones de CO2
Incremento desde 1990 a 2006

La Rioja	139,0%
Canarias	95,0%
C. Valenciana	85,9%
Murcia	80,7%

Fuente: MMA. EL PAÍS

el ____________________

la ____________________ de deportes

la ____________________

el ____________________

una ____________________ sobre el medio ambiente

5 ⇨ **4** **Complete el crucigrama y encuentre la palabra clave.**

1. Vas al cine a ver una ~.
2. Para tener éxito en tu ~ tienes que trabajar mucho.
3. Penélope Cruz es una ~ del cine español.
4. Veo muchos ~ en la tele.
5. Una mujer que actúa en una película es una ~.
6. Las personas más importantes en una película son el ~ y los actores.

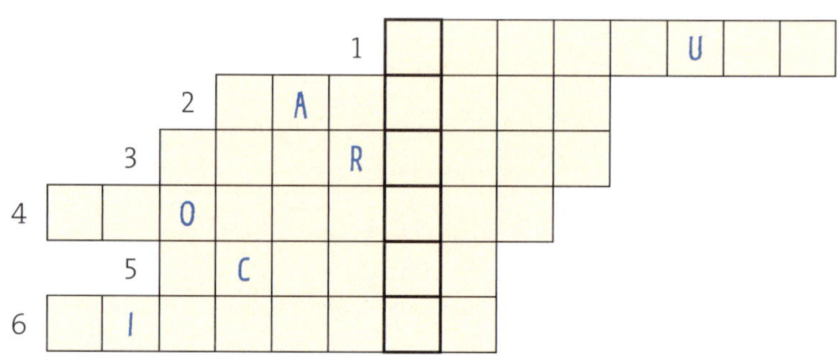

La solución es: ____________________.

13b ⇨ **5** **Mire la programación de Antena 3 y complete con las palabras del cuadro.**

dibujos animados – documental – concursos – informativo – humor – serie – deportes – noticias

Luisa: Oye, Horacio, ¿qué ponen en la tele hoy?

Horacio: A las diez y cuarto podemos ver « La abeja Maya » y después ponen « La Ruleta de la Suerte ».

Luisa: Pero, ¡por favor! « La abeja Maya » es un programa de ________________ para niños y « La Ruleta de la Suerte » es uno de esos ________________ tontos. Yo esos programas no los veo.

Horacio: Entonces vemos el ________________ sobre « la vida de los ratones en la ciudad » y después el programa de ________________ a las seis.

Luisa: ¡No! Yo fútbol ... nunca. Quiero ver un programa de ________________ para reírme un rato o una ________________ divertida como « Los Simpson » o « Lalola ».

Horacio: Entonces tienes que poner la tele a las dos y a las cuatro. Pero eso sí, yo quiero ver las ________________ a las tres y « Al pie de la letra » a las nueve menos cuarto, porque es un ________________ muy interesante.

ANTENA 3

09:00	Megatrix
10:15	La abeja Maya
12:30	La Ruleta de la Suerte: ¡Gana un millón de euros!
14:00	Los Simpson: « La casa árbol del terror XIII »
15:00	Antena 3 Noticias 1
15:50	La vida de los ratones en la ciudad
16:00	Lalola
17:00	Las tontas no van al cielo
18:00	Fútbol y más
19:00	Diario y medio
20:15	Ven a cenar conmigo
21:00	Antena 3 Noticias 2
21:45	Al pie de la letra
22:30	Rex: « Aprendiendo arte »
00:15	Magia sin secretos
01:30	Impacto total
02:00	Antena 3 Noticias 3
05:45	Únicos

Gramática

9 ⇨ **6** **Complete con antes de o después de.**

1. María se ducha ________________ levantarse.
2. Juan hace deporte ________________ trabajar, porque por las mañanas no tiene tiempo.
3. Alfredo siempre prepara el desayuno de sus hijos ________________ salir de casa.
4. Silvia y yo hicimos la compra ________________ volver a casa, pero olvidamos la leche y ya no hay.
5. ________________ ser médica, Nuria estudió siete años en la universidad.

6 ⇨ **7** **Complete con el pretérito pluscuamperfecto.**

¡Fuego del cielo!

Un hombre vio ayer algo que nunca ________________ (ver) antes: una lluvia de fuego en el parque. Antes de esto, él y su hija ________________ (estar) en casa. El padre ________________ (preparar) la comida y, antes de comer, ________________ (ver / ellos) una película.

Ahora este hombre dice: « No sé si esta historia es verdad o si es que mi hija y yo ________________ (dormirse) antes de entrar en el coche. No lo podemos recordar. ». Pero ... la verdad es que Alejandra y yo no ________________ (tener) nunca antes una experiencia así.

6 ⇨ 8 Mire los dibujos y complete las frases con el pretérito indefinido y el pretérito pluscuamperfecto.

1. Cuando Sonia ______________ (llegar) a casa, Lorenzo ya ______________ (irse) a la cama.

2. Cuando Víctor y Laura ______________ (entrar) en la cocina, Barriga ya ______________ (cenar).

3. Eduardo ya ______________ (comprar) el libro, cuando lo ______________ (encontrar) en otra tienda más barato.

4. Cecilia ya ______________ (casarse) con Jorge, cuando ______________ (enamorarse) de Patricia.

9 ⇨ 9 Complete el texto con los adjetivos gentilicios.

1. Guacira y Soraya son ______________ , son de Río de Janeiro.
2. Lucca es ______________  y su novia Sophie es ______________ .
3. Mi tía Lupe es ______________ , mi tío Ignacio es ______________  y yo soy ______________ . Mi familia es muy internacional.
4. Uwe es ______________ , de Hamburgo, y sus hijas Claudia y Angelika también son ______________ . Pero su mujer, Susanne, es ______________ , nació en Viena.
5. Andreas es ______________ , pero tiene una tienda de quesos y otros productos ______________ .

Comunicación

14 ⇨ **10** **Relacione y conteste las preguntas.**

1. ¿Ves mucho la tele?
2. ¿Qué sección del periódico te interesa más?
3. ¿Qué ven tus hijos normalmente en la tele?
4. ¿Qué sección del periódico no lees nunca?
5. ¿Hay algo que no te gusta?
6. ¿Dónde lees el periódico?

a) La sección de deportes, no me interesa.
b) En el metro.
c) No, sólo a veces.
d) Las películas policíacas.
e) Me interesan dos: la de deportes y la de política.
f) Las series, ¡son muy aburridas!

Lectura y redacción

15 ⇨ **11a** **Lea el texto.**

ALEJANDRO AMENÁBAR es un director de cine español que nació en Santiago de Chile en 1972. Su padre es chileno y su madre española. Su carrera cinematográfica se ha desarrollado en España.

En 1995 hizo su primera película, « Tesis », un *thriller* que tiene como escenario[1] la Facultad de Ciencias de la Información de la Universidad Complutense de Madrid. Fue todo un éxito a nivel nacional e internacional y ganó siete premios Goya.

Su segunda película, « Abre los ojos », llegó en 1997 y es una historia de ciencia ficción e intriga psicológica. Unos años después se hizo una versión de Hollywood con el nombre « Vanilla Sky ». Penélope Cruz es una de las actrices principales en las dos versiones: la española y la estadounidense.

En 2001 Amenábar dirigió su tercera película, « Los otros ». Esta vez una historia de misterio y suspense. La película ganó ocho premios Goya y fue nominada al Premio de la Academia de Cine Europeo como la mejor película.

En 2004 Amenábar presentó « Mar adentro ». La película cuenta la historia real[2] de Ramón Sampedro, un hombre muy enfermo que ya no quiere vivir más. Su actor principal, Javier Bardem, interpreta a este personaje con gran sensibilidad. Él y el director Amenábar abordan el tema de la eutanasia[3] con mucho respeto.

« Mar adentro » recibió el Óscar a la mejor película extranjera en 2004.

1 el escenario *Bühne* 2 real *echt, wirklich* 3 eutanasia *Sterbehilfe*

11b **Marque verdadero o falso.**

	V	F
1. Alejandro Amenábar es un director de cine chileno.	☐	☐
2. Su película « Tesis » es un documental sobre la vida en la Universidad de Madrid.	☐	☐
3. Hay una versión de Hollywood de su segunda película.	☐	☐
4. Amenábar ha ganado 15 premios Goya con dos películas.	☐	☐
5. « Mar adentro » cuenta la historia de una persona real.	☐	☐
6. La película « Abre los ojos » fue nominada al Premio de la Academia de Cine Europeo como la mejor película.	☐	☐

7 UN NUEVO HOGAR

Una vez más

Vocabulario

1 Busque los contrarios y ordene las fichas de dominó. ¿Cuál es el contrario de moderno?

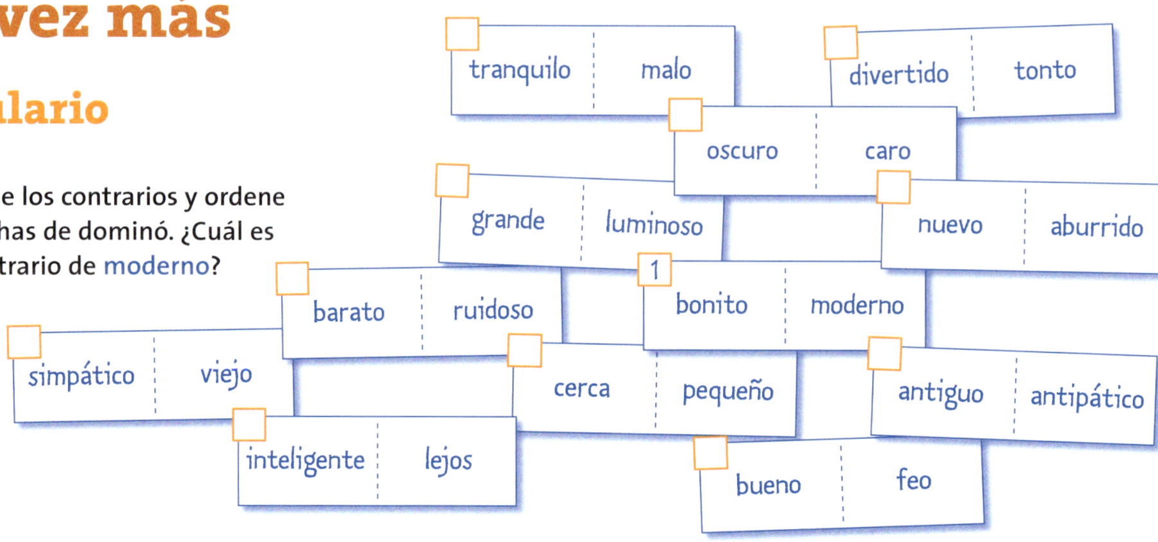

Gramática

2 ¿Qué están haciendo las personas? Mire el dibujo y conteste como en el ejemplo.

¡RECUERDA!
Einige Verben haben eine unregelmäßige gerundio-Form!

1. Araceli está viendo la tele.

2. Javier y Luis ______________ al baloncesto.

3. Elena ______________.

4. Carlos ______________.

5. Barriga y Coco ______________.

6. Carmen: Oye, Manuel, ¿qué ______________?

Manuel: ______________ el periódico, ¿no lo ves?

Comunicación

3 **En una librería. ¿Quién dice qué? Complete el dibujo con las frases.**

1. Para mí el más interesante es el grande.
2. Pienso que puede ser un buen regalo para Julio.
3. Prefiero aquel, ¿estás de acuerdo?
4. A mí no me gusta ninguno.
5. Es para mi novio. Todavía no conoce bien la ciudad.

Vocabulario

12 ⇨ **4** **Encuentre las palabras en la sopa de letras.**

a	e	t	s	d	q	n	h	c	c	i	n
c	d	r	t	d	f	i	n	c	a	m	u
c	r	i	e	a	b	e	r	u	h	s	p
i	o	s	c	o	s	t	u	m	b	r	e
d	e	t	a	c	c	i	d	a	n	c	ñ
e	m	e	z	a	i	u	z	r	p	o	a
n	i	z	a	s	i	o	f	r	a	s	e
t	s	a	r	i	v	c	n	k	l	u	x
e	o	h	o	g	a	r	a	a	s	i	f
h	r	l	a	o	c	a	s	i	r	n	i
t	a	e	s	l	e	t	i	v	o	i	e
e	n	t	r	e	v	i	s	t	a	u	o

1. El lugar donde vivís tu familia y tú es tu ~.
2. El Mediterráneo es un ~.
3. Una casa grande en el campo con mucha tierra es una ~.
4. Algo que haces siempre o muchas veces es una ~.
5. Leí en el periódico una ~ a Zapatero muy interesante.
6. Yo siempre escucho MP6, es una ~ de radio muy buena.
7. Alfredo tuvo un ~ con el coche, pero no le ocurrió nada, ¡por suerte!
8. Un libro para buscar el significado de las palabras de un idioma es un ~.
9. Muchas palabras juntas son una ~.
10. Lo contrario de la alegría es la ~.

8 ⇨ **5** **¿Qué palabras son? Escriba las palabras correctamente.**

naoip – lacusmi – comepron – drigrii – alsas – laebi – bargra – ratanc

Gramática

6 5 ⇨ **Traduzca utilizando mientras o durante.**

1. Während Luis das Essen zubereitet, telefoniert Paula mit Marina.
2. Während des Urlaubs stehen Carlos und Víctor früh auf.
3. Wir lesen immer Zeitung während des Frühstücks.
4. Die Kinder spielen im Park, während ihre Mutter einkaufen geht.
5. José war drei Monate krank. Während dieser Zeit konnte er nicht arbeiten.

7 **Complete con mientras o durante.**

España en la época de Franco

Hace casi cuarenta años, ________________ vivía Franco, no había libertad en España. ________________ esos años, muchas películas y libros estuvieron prohibidos. La televisión y los periódicos tampoco eran libres. Además estuvo prohibido hablar vasco, gallego o catalán ________________ ese tiempo. Algunos españoles buscaban más libertades, ________________ otros se iban del país. ________________ ese gobierno, la economía de España no fue muy fuerte, ________________ los otros países de Europa mejoraban.

E1 ⇨ **8** **Complete con desde, desde que, hace o desde hace.**

1. Martina aprende español ________________ septiembre.
2. Encontré un nuevo trabajo ________________ una semana.
3. Compramos el coche ________________ cuatro meses.
4. Te estoy esperando ________________ 20 minutos.
5. Eduardo y Julia viven en una finca ________________ están casados.
6. Felipe está jubilado ________________ muchos años.

9 Elija la mejor opción: indefinido o imperfecto.

1. La última vez que fui al cine veía / vi una película muy divertida.

2. Cuando conocí a Irene, ella llevaba / llevó el pelo largo.

3. Pasábamos / Pasamos un verano en Argentina. ¡Fue muy romántico!

4. Antes iba / fui mucho al teatro, pero ahora no tengo tiempo.

5. Mauricio jugaba / jugó mucho al baloncesto, pero un día tuvo un accidente y ya no juega.

10 Combine y haga frases.

El año pasado	dormí	antes.
Hoy	habían comprado	chocolate y bebidas.
Cuando éramos pequeños	habéis trabajado	a México de vacaciones.
Ayer	había sentido	toda la tarde.
Antes de entrar al cine	fuimos	a mi tía todos los veranos.
Desde hace tres días	visitábamos	en casa de mi amigo Pepe.
Sentí algo que nunca	hemos estudiado	todo el tiempo juntos.

6 ⇨ 11 Formule frases con estar + gerundio y la palabra cuando.

Ejemplo: Luis – correr / ver a Laura
Luis estaba corriendo cuando vio a Laura.

¡MIRA!
Achten Sie auf die Vergangenheitsform bei der Konjunktion cuando.

1. yo – leer / el teléfono sonar

2. vosotras – dormir / yo llegar a casa

3. nosotros – comprar las entradas / tú llegar

4. Lucía – bailar / conocer a Jorge

5. Jaime – salir de casa / él caerse

12 ¿Qué estaban haciendo? Escriba las frases del ejercicio 2 en el pasado.

Ejemplo: Araceli estaba viendo la tele.

Comunicación

4⇨ **13** **Elija la traducción correcta.**

1. Ich habe einen Kollegen, der aus Guatemala kommt.
   - a Tengo un compañero que es de Guatemala.
   - b Tengo un compañero que va a Guatemala.
2. Eugenia vermisst ihr Land.
   - a Eugenia da un paseo por su país.
   - b Eugenia echa de menos su país.
3. Álvaro fühlt sich wie zu Haus.
   - a Álvaro se siente contento en casa.
   - b Álvaro se siente como en casa.
4. Sie sind wegen der Arbeit ausgewandert.
   - a Emigraron por trabajo.
   - b Salieron al trabajo.
5. Wir kamen aus politischen Gründen.
   - a Vinimos para hacer política.
   - b Vinimos por motivos políticos.
6. Reisen macht einen toleranter.
   - a Volver te hace más tolerante.
   - b Viajar te vuelve más tolerante.

Lectura y redacción

14 **Personajes famosos. Lea las biografías y conteste las preguntas.**

Compay Segundo

Máximo Francisco Repilado Muñoz fue un músico y compositor cubano. Nació en 1907 en Siboney, una ciudad cerca de Santiago de Cuba. Fue muy famoso por inventar[1] el armónico: un instrumento de siete cuerdas, parecido a la guitarra española. En 1997 participó[2] en el proyecto Buena Vista Social Club y así llegó su fama internacional. «Chan Chan» es, probablemente, su canción más famosa e importante. Compay Segundo murió en La Habana en 2003.

Tito Puente

Ernest Anthon Puente fue un músico de salsa y jazz latino. De padres puertorriqueños, Tito Puente nació en Nueva York en 1923. Fue conocido como El Rey de los Timbales[3] por su gran habilidad[4] con los instrumentos de percusión[5]. En los años 50, gracias a él, la música caribeña (como el mambo, la salsa y el chachachá) fue muy famosa y conocida. Tito Puente murió en Nueva York en 2000.

1 inventar *erfinden*
2 participar *teilnehmen*
3 el timbal *Pauke*
4 la habilidad *Fähigkeit*
5 el instrumento de percusión *Schlaginstrument*

1. ¿Compay Segundo y Tito Puente nacieron en el mismo país?
2. ¿Qué es el armónico? ¿Quién lo inventó?
3. ¿Cuándo llegó la fama internacional de Compay Segundo? ¿Por qué?
4. ¿Por qué llaman a Tito Puente el Rey de los Timbales?
5. ¿Qué ocurrió en los años 50?

8 Y TÚ, ¿QUÉ HARÍAS?

Una vez más

Vocabulario

1 **¿Qué muebles son? Complete el dibujo con las palabras del cuadro.**

1. el sofá – 2. la mesa – 3. el ordenador – 4. la lámpara – 5. el escritorio – 6. el televisor – 7. el armario – 8. la mesilla – 9. el espejo – 10. la alfombra – 11. la cama – 12. la estantería – 13. la silla

Comunicación

2a **Ordene las siguientes actividades. 1 es lo más importante y 15 lo menos importante.**

Actividades del fin de semana

☐ ir a una fiesta	☐ escuchar música	☐ salir con amigos
☐ cenar con amigos	☐ hablar por teléfono	☐ ir al cine
☐ descansar	☐ leer el periódico	☐ hacer una excursión
☐ cocinar	☐ ver la tele	☐ hacer una fiesta
☐ limpiar la casa	☐ hacer la compra	☐ ir de tiendas

2b **Combine la información de 2a y escriba unas cinco frases como en el ejemplo. Utilice:**

normalmente – o – pero no – y – casi nunca

Ejemplo: *Los fines de semana mi novia y yo normalmente vamos al cine, pero no cocinamos.*

Vocabulario

13 ⇨ **3** **Escriba las palabras en el cuadro adecuado.**

el pesimismo · el reproche · la felicidad · el consejo · molestar · estar harto/-a · el miedo · la tristeza · el optimismo · la alegría · la esperanza · la ilusión · enfadado/-a · la nostalgia · la dicha · el amor · el acoso

6 ⇨ **4** **Mire los dibujos y complete el texto.**

Nieves: La habitación del hotel es muy bonita. ¡Me encanta! ¿A ti también te gusta?

Enrique: Sí, creo que vamos a tener unas vacaciones estupendas. Pero primero necesito una buena ______________  .

Nieves: Muy bien, yo voy a sacar la ropa de la ______________  y después quiero mirar el ______________  y los folletos de la ciudad.

Enrique: Oye, ¿tienes una ______________ 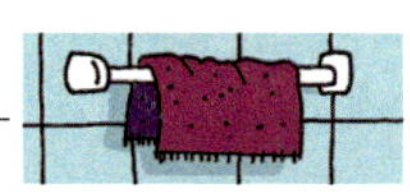 ?

Nieves: Están en el baño, mira, allí hay una, está al lado del ______________  .

Enrique: ¡Ah, sí! Ya la tengo. Y, ¿dónde pongo mis ______________  ?

Nieves: ¡Yo qué sé! En el balcón, si quieres.

Enrique: ¿Qué tienes allí, al lado de tu ______________  ? ¿Es un ______________  ?

Nieves: Sí, eso es, para una posible visita.

Enrique: ¿Y eso al lado de tu ropa?

Nieves: Es mi ______________  de bailarina. Hoy hay una fiesta aquí en el hotel, ¿recuerdas?

Gramática

6 ⇨ **5** **Complete con los verbos en condicional.**

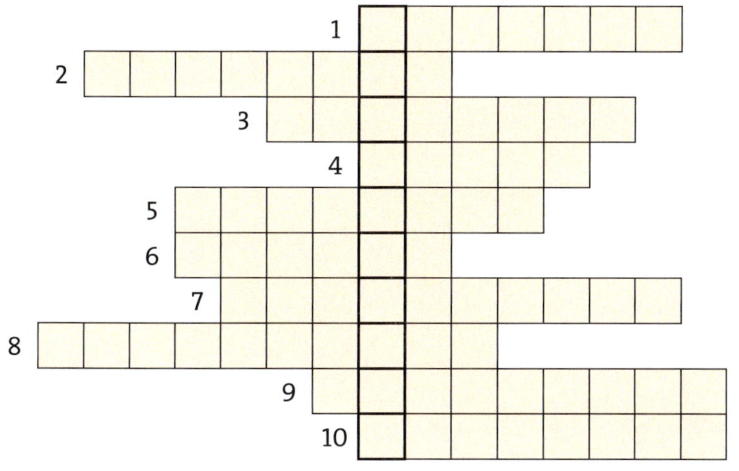

1. ellos / poder
2. nosotros / ser
3. tú / tener
4. yo / decir
5. ellas / querer
6. él / haber
7. nosotras / estar
8. nosotros / tener
9. yo / comprar
10. ella / sentir

La solución es: ______________.

8 ⇨ **6** **¿Cómo sería la historia de Marta? Póngase en el lugar de Marta, mire los dibujos y complete el texto.**

no trabajaría más.

(viajar a Latinoamérica)

____

(bailar salsa y disfrutar mucho)

____

(enamorarse)

____

(discutir con Pablo)

____

(dejar)

____

(casarse)

____

(morirse de tristeza)

____

9 ⇨ **7** **"Yo haría muchos cambios". Complete las frases con el condicional.**

A mí esta habitación vuestra no me gusta nada. Yo __________ (hacer) muchos cambios. Por ejemplo, yo en vuestro lugar, __________ (tirar) la alfombra y __________ (comprar) una nueva. Ese sofá __________ (estar) mejor en el salón y la mesa y la silla __________ (ir) mejor con la decoración de la cocina. Además yo __________ (poner) la lámpara encima del escritorio. Oye, Irene, tú __________ (poder) comprar un ordenador nuevo, ¿no? Ese está muy viejo. ¿No crees que __________ (ser) mejor poner el televisor encima de la mesilla de noche? Otra cosa es ese espejo tan pequeño y feo. Yo no __________ (tener) un espejo tan feo en mi habitación y __________ (preferir) uno más grande. Por último, yo que vosotros __________ (cambiar) el armario y __________ (vender) la estantería. Pero bueno ... ¡es sólo un consejo!

8 **Lea las siguientes frases y marque su función.**

	deseo	propuesta	petición
1. ¿Podrías darme el diccionario?	☐	☐	☐
2. ¿Te gustaría ir con nosotros al teatro?	☐	☐	☐
3. Nos iríamos más tarde, pero tenemos que trabajar.	☐	☐	☐
4. Le encantaría viajar a Perú.	☐	☐	☐
5. ¿Me harías un favor?	☐	☐	☐
6. Podríamos ir juntos a la fiesta, si quieres.	☐	☐	☐

Comunicación

9 ⇨ **9a** **Combine.**

1. dormir
2. hacer
3. dejarle
4 tener
5. ver
6. vivir

a) el coche a una amiga
b) en una tienda de campaña
c) autostop
d) en un piso compartido
e) una cita a ciegas
f) una corrida de toros

9b **Complete con las actividades de 9a y conjugue los verbos en el tiempo correcto del pasado.**

1. Mercedes nunca ________. Ella siempre ha estado en hoteles.
2. Ayer Alberto le ________ y ahora tiene que ir al trabajo en metro.
3. Cuando Carlos y Marina estudiaban en Córdoba ________, pero ahora viven solos.
4. Cuando Elena era joven ________, pero ahora ella tiene un coche propio.
5. En 2003 mi prima Lisa y yo ________ en Pamplona. ¡Fue horrible!
6. – ¿Alguna vez tú ________? – ¿Yo? No, nunca. Yo siempre sé con quien salgo.

3 ⇨ **10** **Mire los dibujos y combine las frases.**

buscaría otro coche. – Yo me moriría de miedo. – en tu lugar, iría al médico. – tienes razón.

Sí, me parece que – Yo, en este caso, – ¡Estás loco! – Yo,

Pedro: ________________

Lisa: ________________

Quique: ________________

Carlos: ________________

Lectura y redacción

11 **¿Para quién son los consejos? Lea los textos y elija a la persona adecuada.**

Consejos del doctor corazón

Tengo un problema: ¡estoy enamorado de mi jefa! Yo sé que ella está casada, pero me encantaría decirle la verdad. La invitaría a cenar, iríamos a pasear por la ciudad o la llevaría al teatro y le compraría flores. Creo que así ella también se enamoraría de mí.
Dr. Corazón, ¿usted que piensa? ¿Cree que sería una buena idea?
Ernesto, 26 años

Me encantaría cambiar de trabajo. Soy secretaria desde hace siete meses y en la oficina donde trabajo están buscando una jefa de secretarias nueva. Sé que podría hacer el trabajo. El problema es que la jefa de ventas también lo quiere. Pero yo lo haría mejor: sería más responsable que ella y simplemente ... ¡me mataría por trabajar mejor!
Dr. Corazón, ¿qué puedo hacer?
Sara, 39 años

Soy una estudiante en prácticas y me muero de ganas de viajar a Argentina. El problema es que no tengo dinero para el viaje. Pero no puedo dejar de pensar en ese país, es mi sueño. Allí visitaría todos los parques nacionales, viajaría a Buenos Aires y vería las cataratas del Iguazú. Dr. Corazón, ¿que podría hacer para ganar dinero para mi viaje?
Lucía, 19 años

	Ernesto	Sara	Lucía
1. Yo que tú hablaría con tus padres y les pediría un poco de dinero.	☐	☐	☐
2. Creo que lo mejor sería conocer a otra chica.	☐	☐	☐
3. Yo mejor respetaría a su familia.	☐	☐	☐
4. En ese caso buscaría ayuda de los otros jefes.	☐	☐	☐
5. Antes de viajar podrías trabajar de camarera.	☐	☐	☐
6. En tu lugar trataría de creer más en tu experiencia.	☐	☐	☐
7. Yo primero querría saber lo que siente ella.	☐	☐	☐
8. Yo no le contaría a ella que también quiero el trabajo.	☐	☐	☐

9 COMER CON PLACER

Una vez más

Vocabulario

1 **Ir de tapas. Complete con los nombres.**

jamón serrano – tortilla de patata – chorizo – gambas – croquetas – aceitunas – calamares – vino tinto

2 **¿Cómo son? Forme frases como en el ejemplo.**

¡RECUERDA!
Adjektive bilden den Plural nach den gleichen Regeln wie das Substantiv. Achten Sie auf die Akzentsetzung!

Ejemplo: tapas / rico → Las tapas son ricas.

1. los señores / amable
2. la hermana de Alejandro / antipático
3. la ciudad / moderno
4. ese sillón / feo
5. mi armario / viejo
6. Patricia / joven
7. Felipe / impaciente
8. mi hermano / inteligente
9. los hijos de Luis / joven
10. el director de la empresa / formal
11. María y Lucía / guapo
12. la mamá de Berta / amable

2 ⇨ **3** **Complete con el pronombre de objeto directo o el pronombre de objeto indirecto.**

¡MIRA!
El pronombre de objeto directo: lo, la, los, las
El pronombre de objeto indirecto: le, les

1. ¿Hablaste con Javi? ¿Qué ________________ dijiste?
2. ¿Y los libros? ¿________________ llevaste a la biblioteca?
3. Estabas hablando con las chicas, ¿qué ________________ preguntaste?
4. Miriam vio a Carlos en el cine. ________________ vio cuando compraba las entradas.
5. Me encantan las tapas. Siempre ________________ comemos en el bar de Paloma.
6. Víctor estuvo ayer en casa de Sofía. ________________ ayudó a estudiar para el examen.
7. A mis hermanos ________________ gusta mucho ir al cine.
8. ________________ compré un regalo a Julia y a Beatriz, porque las dos cumplen años este mes.

Comunicación

4 **Ordene el diálogo.**

Muy bien, pero yo ahora necesito un café. – ¡Hola! ¿Qué toman? – ¿Vamos al Brisas? – ¿Y para usted? – Son cinco euros sesenta. – Una caña, por favor. – Oiga, por favor, ¿cuánto es? – Para mí un vino tinto, por favor. – Espera, aquí pago yo, ¿vale? – Vale. – Vale. ¿Dónde lo tomamos?

Camarero: ______________________________

Ernesto: ______________________________

Camarero: ______________________________

Silvia: ______________________________

Ernesto: ______________________________

Camarero: ______________________________

Silvia: ______________________________

Ernesto: ______________________________

Silvia: ______________________________

Ernesto: ______________________________

Silvia: ______________________________

Vocabulario

3 ⇨ **5** **El laberinto de las tiendas. Relacione los dibujos con la tienda correcta.**

2 ⇨ **6** **Traduzca y complete el crucigrama.**

1. Marmelade
2. Milch
3. Wurstware
4. Getreide
5. Thunfisch
6. Butter
7. Sahne
8. Spargel
9. Honig
10. Öl
11. Erdbeeren
12. Hähnchen
13. Möhre
14. Zucker
15. Nudel
16. Schinken
17. Lachs
18. Reis
19. Kuchen
20. Kotelett

5 ⇨ **7** **¿Qué es diferente? Compare los dibujos y encuentre las diez diferencias.**

En esta mesa no hay salero. El mantel es ...

Gramática

7 ⇨ **8a** **Complete las frases con los pronombres de objeto indirecto.**

1. Miguel ________________ da los libros a Carmen.
2. Eugenia ________________ prepara una tortilla riquísima (a nosotros).
3. Javi, Álvaro y yo ________________ queremos regalar un viaje a nuestros padres.
4. Marina ________________ leyó una historia muy divertida (a mí).
5. ¿Celia ya ________________ dijo las respuestas de los ejercicios (a vosotros)?
6. Ayer Alicia ________________ trajo los pantalones nuevos (a ti).

8b **Transforme las frases de 8a y utilice los pronombres de objeto directo e indirecto.**

Ejemplo: Miguel le da los libros a Carmen. → Miguel se los da a Carmen.

2. Eugenia ________________ prepara a nosotros.
3. Javi, Álvaro y yo ________________ queremos regalar a nuestros padres.
4. Marina ________________ leyó a mí.
5. ¿Celia ya ________________ dijo?
6. Ayer Alicia ________________ trajo a ti.

9 ⇨ **9** **Utilice el participio correspondiente y complete el diálogo.**

quemar – poner – usar – tirar (werfen) – hacer – ocupar – morir

¡RECUERDA!

Partizipien werden in Geschlecht und Zahl an das Substantiv angeglichen!

En el hotel « Sin estrellas »

Nuria: Buenos días, señor. Mire, quiero cambiar de habitación. La cama no está ________________, las toallas están ________________ por el suelo y la habitación es muy oscura y ruidosa. Y la cena en este hotel es fatal. En el comedor nuestra mesa no está ________________, las servilletas están ________________ y hay papeles en todo el suelo. Además, allí fuman y el mantel está ________________. Y yo estoy ________________ de hambre. ¡Es horrible!

Recepcionista: Todas las habitaciones están ________________, ¡lo siento!

10 10 ⇨ **Forme frases con estar + un adjetivo como en el ejemplo.**

Ejemplo: chuletas / bien hecho → Las chuletas están bien hechas.

las patatas / bueno – el estofado / soso – las tapas / caliente – la dorada / salado – el pescado / crudo – la sopa / frío – el pollo / rico – la camarera / cansado – los espárragos / quemado – los calamares / picante

10 ⇨ **11** **¿Ser o estar? Marque la forma correcta.**

1. Leticia	a es vegetariana. b está vegetariana.	6. Lucho y Eva	a son cansados. b están cansados.
2. Carlos Alberto	a es alérgico. b está alérgico.	7. Verónica	a es una chica muy mala. b está una chica muy mala.
3. Don Quijote	a es un libro bueno. b está un libro bueno.	8. Los mejillones	a son bien. b están bien.
4. Yolanda y Fabio	a son casados. b están casados.	9. Mi piso	a es muy limpio. b está muy limpio.
5. Estas pobres flores	a son muertas. b están muertas.	10. La película no	a es mal. b está mal.

Comunicación

12 **Usted queda con un amigo para cenar. Haga el diálogo en español.**

4 ⮩

Sie grüßen Ihren Freund und fragen ihn, was er gern isst. →	Er antwortet und sagt, dass er Vegetarier ist. ↙
Sie sagen, dass Sie alles essen und fragen, ob er Fisch isst. →	Er verneint die Frage und erzählt Ihnen, dass er allergisch gegen Fisch ist. Aber er schlägt vor, Tapas essen zu gehen. ↙
Sie sagen, dass Sie die Idee gut finden. →	Ihr Freund erzählt Ihnen, dass er auch gesunde Gerichte mag. Er mag auch kalorienarmes Essen. ↙
Sie sagen, dass Ihr Gazpacho ungesalzen ist. →	Ihr Freund erzählt Ihnen, dass seine Tintenfischringe sehr kalt sind. ↙
Sie erzählen ihm, dass Ihre Kroketten zu wenig gebraten sind, aber der Wein schmeckt Ihnen gut. →	Ihr Freund stimmt Ihnen zu.

Lectura y redacción

13a **El Bulli es un restaurante muy famoso. ¿Qué piensa usted? Marque con una cruz.**

	verdadero	falso
1. Con la cocina se pueden expresar sentimientos positivos.	☐	☐
2. Lo importante en la cocina es la preparación y no los productos.	☐	☐
3. Un plato bien hecho es caro y uno mal hecho es barato.	☐	☐
4. La buena comida siempre es pesada[1].	☐	☐
5. En el restaurante El Bulli no hay pescado.	☐	☐

13b **Lea el texto y compruebe sus respuestas.**

Restaurante El Bulli

El Bulli es un restaurante que está en la Cala Montjoy, en Rosas (no muy lejos de Gerona). Su propietario y cocinero principal es Ferran Adrià, uno de los cocineros-chef más famosos de España y del mundo.
La filosofía del restaurante está resumida en 23 puntos principales. Los primeros cuatro son:
1. La cocina es un lenguaje mediante el cual[2] se puede expresar armonía, creatividad, felicidad, belleza, poesía, complejidad, magia, humor, provocación, cultura.
2. Se da por supuesta la utilización de productos de máxima calidad, así como el conocimiento de la técnica para elaborarlos[3].
3. Todos los productos tienen el mismo valor gastronómico, independientemente de su precio.
4. Se utilizan preferentemente productos del mundo vegetal y del mar; predominan[4] también productos lácteos, frutos secos y otros productos que en su conjunto configuran[5] una cocina ligera[6]. En los últimos años se hace muy poco uso de la carne roja y de aves[7] en grandes piezas.

1 pesado/-a *schwer*
2 mediante el cual *hier: durch die*
3 elaborar *ausarbeiten*
4 predominar *überwiegen*
5 configurar *bilden*
6 ligero/-a *leicht*
7 el ave *Geflügel*

10 DE AQUÍ PARA ALLÁ

Una vez más

Vocabulario

1 ¿Qué son? Busque los nombres de los lugares.

motunitayena – Coresor – dalacret – repadusecrom – vuredalíer

______ ______ ______ ______ ______

2 Mire el plano de la ciudad y complete las frases con el lugar que corresponda. Utilice también las siguientes palabras:

a la derecha – al lado – detrás de – a la izquierda – enfrente de – lejos – cerca – al final de – entre – todo recto

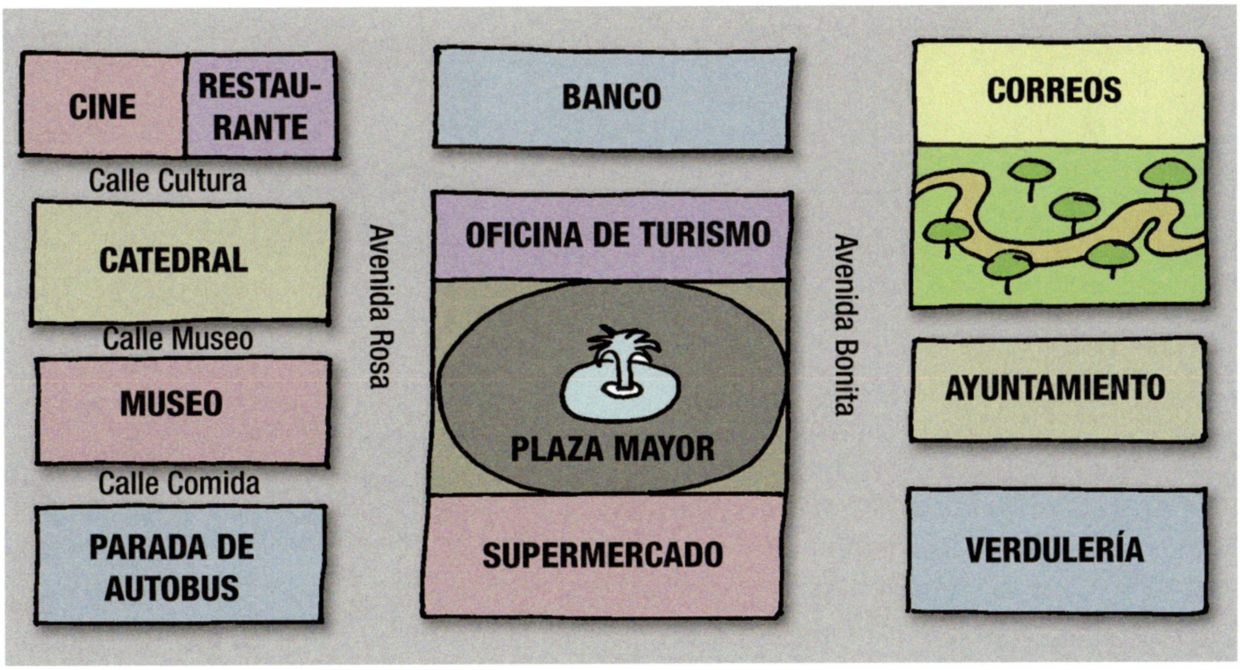

1. + Perdone. ¿Dónde está el ______?
   – Está ______ el restaurante y ______ y ______ de la Oficina de Turismo.
2. + ¿Dónde está ______?
   – Uf, está bastante ______. Estamos aquí, en la Avenida Bonita. Tiene que ir ______. Está ______ de la Avenida, enfrente del banco.

3. + Esta es la catedral, pero ¿dónde está el ________________?

   – Está muy ________________. Allí enfrente, ________________ del restaurante.

4. + ¿Me puede decir dónde está la ________________?

   – ¡Claro! Está en la misma Calle Comida, pero está ________________ de la Plaza Mayor, ________________ del Ayuntamiento.

Comunicación

3 **Una las frases.**

1. Ticnc quc scguir
2. En la primera gira
3. Cruza la avenida
4. Después llega hasta
5. La Oficina de Turismo está

a) a la dcrccha.
b) y coge a la izquierda.
c) enfrente del Ayuntamiento.
d) todo recto.
e) el final de la calle.

Vocabulario

1 ⇨ **4** **Complete el crucigrama.**

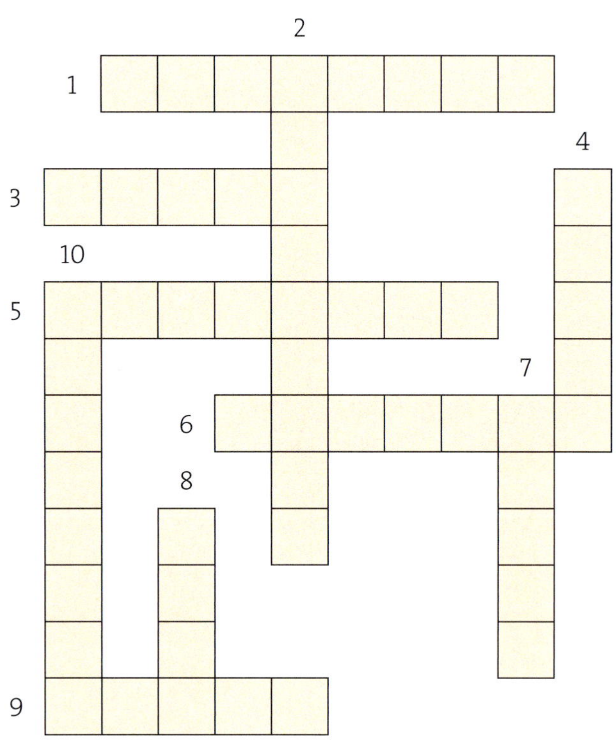

1

2
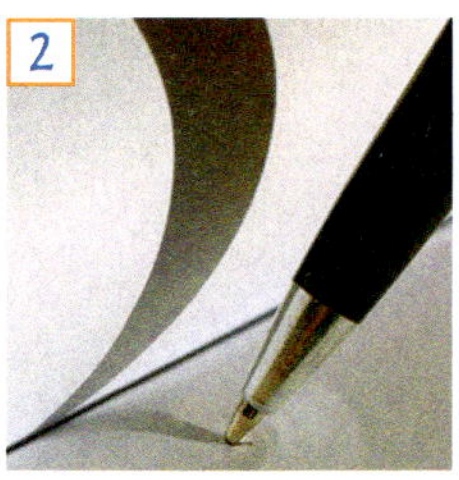

3

4

5

6

7

8

9

10

4 ⇨ **5** **¿Qué palabra es? Complete con las palabras del cuadro.**

descubrir – el hambre – el despacho – el DNI – la respuesta – bilingüe – el equipaje – la autopista

1. ________________: Es el lugar donde alguien trabaja, es como una pequeña oficina.
2. ________________: Es lo que una persona dice cuando alguien pregunta algo.
3. ________________: Es una calle larga por donde uno puede ir muy rápido con el coche.
4. ________________: Lo que alguien siente, cuando necesita comer algo.
5. ________________: Es alquien que habla muy bien dos idiomas.
6. ________________: Es todo lo que una persona lleva cuando viaja.
7. ________________: Es un documento oficial con toda su información personal.
8. ________________: Es saber o conocer algo por primera vez.

6 ⇨ **6** **Busque los siete medios de transporte.**

portéwqtrenbjdósabarcoljkosdcochegfurechaviónúztro
eautobúsíbcvshtranvíapqlésapietfdssakl

Gramática

7 **¿Qué letra falta? Complete los imperativos (usted) con ue/gu/ie/i/ga/zc.**

1. d_____rma	4. si_____	7. sal_____	10. cono_____a
2. c_____rre	5. jue_____e	8. c_____nte	11. pon_____
3. p_____da	6. tradu_____a	9. p_____nse	12. v_____lva

8 **Busque los imperativos en la sopa de letras.**

1. tú / dar
2. ustedes / decir
3. tú / ir
4. ustedes / dar
5. usted / ir
6. tú / decir
7. ustedes / venir
8. tú / hacer
9. ustedes / hacer
10. tú / poner
11. usted / decir
12. tú / salir
13. usted / tener
14. tú / tener
15. usted / salir
16. tú / venir
17. usted / poner
18. ustedes / ir
19. usted / ver
20. tú / jugar

v	e	n	s	p	o	n	g	a	t	o
a	z	h	a	f	a	s	i	v	e	u
y	d	i	l	e	v	d	t	e	n	j
a	i	a	g	z	p	a	i	n	g	u
n	g	o	a	v	o	u	y	g	a	e
c	a	l	d	e	n	s	t	a	a	g
i	n	s	s	a	h	a	z	n	h	a
h	a	g	a	n	b	l	i	g	a	ñ

9a Forme frases con el imperativo.

7

Ejemplo: Descubra la ciudad.

tú – usted – ustedes

pedir – descubrir – comprar – leer – preparar – vender – escribir – levantarse

la ciudad – una fiesta para los compañeros – una carta para una amiga – temprano – una historia a los niños – un favor a un amigo – el coche a su jefe – un regalo a su hermana

9b Utilice las frases de 9a y sustituya los complementos directo e indirecto por los pronombres correspondientes.

Ejemplo: Léanles una historia a los niños. Léansela.

¡RECUERDA!
Achten Sie auf die Akzentsetzung!

10 Mire los dibujos, forme el adverbio de los siguientes adjetivos y complete las frases.

11

1 

Tronco está ____________ enamorado de Pipa.

2 

El coche de Lucía es ____________ moderno.

3 

Voy a preparar la cena ____________.

4 

Sergio ha terminado el examen ____________.

5 

Alberto disfruta ____________ ____________ de sus vacaciones.

6 

¡Con esta cena nos lo hemos pasado ____________ bien!

Comunicación

3 ⇨ **11** ¿Cómo viajan las personas? Relacione las palabras y los dibujos. Tiene varias posibilidades.

rápido | cómodo | ecológico | barato | caro

Lectura y redacción

ASTE NAGUSIA

1. Aste Nagusia, que significa en vasco «La Semana Grande», es la fiesta popular más importante de Bilbao. La fiesta es en agosto y dura nueve días.

2. El pregonero o la pregonera es una persona importante de la fiesta. Generalmente es una persona famosa de la ciudad y lleva un uniforme especial.

3. La fiesta incluye un programa con conciertos, teatro en las calles, juegos para niños y, por supuesto, fuegos artificiales (Feuerwerk) cada noche.

4. El personaje más importante de Aste Nagusia es Marijaia, una figura que simboliza el carácter alegre de los habitantes de Bilbao. Es una señora regordeta que parece que está bailando.

5. El último día de Aste Nagusia, los bilbaínos, que son los habitantes de Bilbao, queman a Marijaia en la plaza del teatro. Así termina la gran fiesta.

12 ¿Qué foto corresponde a cada texto? Complete con el número correspondiente.

11 LA SALUD ES LO PRIMERO

Una vez más

Vocabulario

1a Lea el cómic y subraye los imperativos que encuentre.

1b En el cómic hay frases donde usted también podría utilizar el imperativo. Escriba las frases en imperativo (tú y usted).

comer sin hacer ruido
sostener la cuchara así
aprender a comer correctamente

Gramática

2 En todas las lecciones los imperativos le dicen lo que debe hacer. ¿Los recuerda? Complete la tabla.

	infinitivo	significado	imperativo ustedes	imperativo tú
apunte	apuntar	notieren	apunten	apunta
busque				
complete				
compruebe				
construya				
diga				
elija				
lea				
marque				
mire				
oiga				
pregunte				

Comunicación

3 **Eugenia le da estas indicaciones a su hija Beatriz ... Tradúzcalas.**

1. Geh früh ins Bett!
2. Frühstücke ordentlich!
3. Beeil dich!
4. Wasch dir die Hände vor dem Essen!
5. Schlaf schnell ein!
6. Zieh dir deinen Mantel an!
7. Sag die Wahrheit!
8. Iss langsam!
9. Mach deine Hausaufgaben!

Vocabulario

2A **4a** **Complete con las partes del cuerpo que señalan las flechas.**

1. con el ________________ en la mano
2. costar un ________________ de la cara
3. tomar el ________________
4. estar hasta las ________________
5. lavarse las ________________
6. dar su ________________ a torcer
7. « En ________________ cerrada no entran moscas. »
8. entrar por un ________________ y salir por el otro

4b **¿Qué significan las frases anteriores? Relacione.**

1. con el corazón en la mano
2. costar un ojo de la cara
3. tomar el pelo
4. estar hasta las narices
5. lavarse las manos
6. dar su brazo a torcer
7. « En boca cerrada no entran moscas. »
8. entrar por un oído y salir por el otro

a) zum einem Ohr hinein und zum anderen hinaus
b) sich die Hände in Unschuld waschen
c) klein beigeben
d) ein Heidengeld kosten
e) die Nase voll haben
f) auf den Arm nehmen
g) Schweigen ist Gold
h) Hand aufs Herz

Gramática

7 ⇨ **5** **Complete la tabla con el imperativo negativo.**

	bailar					dormirse
tú		no comas eso			no te levantes	
usted			no vaya			
ustedes				no digan nada		

6 **Complete la tabla del ejercicio 2 con el imperativo (tú) negativo.**
7 ⇨

12 ⇨ **7** **Lea la poesía. Luego ponga las frases en imperativo (tú) negativo o afirmativo.**

QUEDA PROHIBIDO (Ab sofort ist es verboten ...)

Queda prohibido llorar sin aprender,	No llores sin aprender.
levantarte un día sin saber qué hacer,	
tener miedo a tus recuerdos.	
Queda prohibido no sonreír a los problemas,	Sonríe a los problemas.
no luchar por lo que quieres,	
abandonarlo todo por miedo,	
no convertir en realidad tus sueños.	
Queda prohibido no buscar la felicidad,	
no vivir tu vida con una actitud positiva,	
no pensar en que podemos ser mejores,	
no sentir que sin ti este mundo no sería igual.	

Fuente: Alfredo Cuervo Barrero. Texto adaptado.

8 **Mire estas fotos. Haga frases. Utilice el imperativo negativo.**
9 ⇨

11 ⇨ **9** **Complete las frases.**

El médico le dice al paciente:	tú	usted
sentarse	___	¡Siéntese!
quitarse la camiseta	___	___
respirar hondo	___	___
beber mucha agua	___	___
descansar el fin de semana	___	___
dormir mucho	___	___
no hacer deporte	___	___
no comer dulces	___	___
venir otra vez el martes	___	___

Comunicación

4 ⇨ **10** **Relacione. En algunos casos hay varias posibilidades.**

1. Me duele	a) deshidratado/-a.
2. Tengo dolor	b) el estómago.
3. He tenido	c) quemado en la playa.
4. Carlos está	d) de cabeza.
5. Tengo una	e) mal.
6. Me siento	f) las rodillas.
7. Estoy	g) quemadura.
8. Me he roto	h) enfermo/-a.
9. Gloria se	i) un infarto.
10. Se han	j) ha resfriado.

11 **¡Un chiste! Ordene el diálogo del paciente con el médico.**

- [ ] ¿Y le molesta a su esposa?
- [1] En la consulta un paciente muy preocupado le dice al médico:
- [ ] ¿Qué no es ningún problema? ¡¡Ya me han despedido de cinco puestos de trabajo!!
- [ ] Doctor, ronco[1] demasiado fuerte.
- [ ] ¿Entonces duerme solo? En ese caso no es ningún problema ...
- [ ] No estoy casado.

1 roncar *schnarchen*

Lectura y redacción

12a **¿Qué opina usted? Marque con una cruz.**

CULTURA

Si usted tiene un problema de salud en España tiene que ir a un Centro de Salud o de Atención Primaria (CAP).

	verdadero	falso
1. El sistema de sanidad pública[1] en España es gratuito.	☐	☐
2. En Alemania hay más médicos por habitante que en España.	☐	☐
3. En España hay Centros de Salud o Ambulatorios, parecidos a las antiguas Policlínicas en el Este de Alemania.	☐	☐
4. Cada paciente puede elegir el médico de cabecera[2] que desee.	☐	☐
5. Los pensionistas tienen que pagar los medicamentos[3].	☐	☐

1 el sistema de sanidad pública *öffentliches Gesundheitswesen*
2 médico de cabecera *Hausarzt*
3 los medicamentos *Medikamente*

12b **Lea el texto y compruebe sus respuestas.**

El Sistema de Sanidad en España

La Constitución española garantiza a todo residente[1] un sistema de sanidad gratuito. El número de médicos en España actualmente es de 4,4 por cada mil habitantes, y es superior al de la mayoría de los países en la Unión Europea. Por otro lado el número de camas en los 800 hospitales es inferior a la media europea: España tiene 4 camas por cada mil habitantes, Francia 9,1, Alemania 7,5 y Dinamarca 5 por cada mil habitantes.

La Red de Ambulatorios

En España, si desea ir al médico de cabecera, tiene que ir a los Ambulatorios o Centros de Salud o Asistencia Primaria de su barrio. No puede elegir otro centro. Allí debe pedir cita o bien en persona o por teléfono. El sistema es parecido al de las policlínicas en la antigua RDA.

Los horarios de los Centros de Salud son muy diferentes de un Ambulatorio a otro. Ambulatorios grandes pueden estar abiertos desde las 8 hasta las 20 h. En lugares más pequeños o pueblos el horario es mucho más limitado[2].

Si usted desea ir a un especialista siempre tiene que ir primero a su médico de cabecera para tener un volante[3]. El especialista no lo puede elegir usted, le es asignado[4]. Un gran problema es que algunos pacientes tienen que esperar semanas hasta que le dan una cita con el especialista y para poder operarse en el hospital a veces hasta meses. Los medicamentos son gratis para los pensionistas y algunos enfermos con enfermedades crónicas. El resto de los pacientes tiene que pagar el 40 % del importe.

1 el residente *Einheimische und Personen mit einer gültigen Aufenthaltserlaubnis in Spanien*
2 limitado *beschränkt*
3 el volante *Überweisung*
4 asignar *zuweisen, zuteilen*

12 VIVIR CON EMOCIÓN

Una vez más

Comunicación

1a Ordene el cómic.

1b Responda.

1. ¿Dónde están? ______
2. ¿Por qué ha ido la madre al médico? ______
3. ¿Cómo está el niño? ¿Qué le duele? ______
4. ¿Qué piensa usted que tiene el niño? ______

Vocabulario

¡RECUERDA!

Die Adjektive müssen an das Substantiv angeglichen werden.

2 Describa a las tres personas del ejercicio 1. Utilice algunas de las palabras siguientes.

triste – enfadado – cansado – preocupado – serio – alegre – rubio – simpático – inteligente – vago – contento – orgulloso – gordo – delgado – nervioso – gafas – barba – calvo – alto – bajo – moreno

La madre	El niño	El médico
Es ______.	Es ______.	Es ______.
Está preocupada ______.	Está ______.	Está ______.
Lleva ______.	Lleva ______.	Lleva ______.

Gramática

3a **Usted es la madre. No sabe qué le pasa a su hijo. ¿Qué haría? Escriba las frases usando el condicional.**

mandarlo al colegio Lo mandaría al colegio.

dejarlo en casa ______

no meterlo en la cama ______

darle un té ______

ponerle una tirita[1] en el dedo ______

pasar el día con él ______

no ir al parque con él ______

______

______

1 la tirita *Pflaster*

3b **¿Qué hizo al final la madre? Diga tres cosas usando el indefinido.**

Ejemplo: La madre (no) mandó al niño al colegio.

3c **Usted tiene la oportunidad de hablar con la madre. Dele consejos utilizando las frases del ejercicio.**

tú	usted
Mándalo al colegio.	Mándelo al colegio.

3d **¿Qué le dice el niño a su madre? Utilice el imperativo afirmativo y negativo.**

Ejemplo: No me mandes al colegio.

4 **¿Qué le pasaba al niño? Lea.**

Vocabulario

13 ⇨ **5** **Traduzca.**

im Vordergrund ____________

im Hintergrund ____________

unten ____________

rechts/links ____________

in der Mitte ____________

zwischen ____________

neben ____________

auf dem Bild ____________

4 ⇨ **6a** **¿Qué significa ...?**

1. dar ____________
2. poner ____________
3. ponerse ____________
4. dejar a alguien ____________
5. dejar de hacer algo ____________
6. dejar algo a alguien ____________
7. quitar ____________
8. quitarse ____________

6b **Complete la tabla. Tiene varias posibilidades.**

a su novio – algo (un libro / una flor) a alguien – asco – la ropa – una vuelta – colorado – vergüenza – nervioso – un paseo – rabia – la chaqueta – un libro – miedo – alegre – fumar – un beso – jugar al fútbol

dar	poner(se)	dejar (a/de)	quitar(se)

Gramática

7b ⇨ **7a** **¿Qué significan las siguientes perífrasis verbales? Traduzca.**

1. ir a + infinitivo ____________
2. acabar de + inf. ____________
3. dejar de + inf. ____________
4. volver a + inf. ____________
5. empezar a + inf. ____________
6. tener que + inf. ____________
7. hay que + inf. ____________
8. soler + inf. ____________

7b **Complete con la perífrasis adecuada. En algunos casos se pueden usar varias.**

1. Mañana Felipe ________________ ir al cine.
2. (Yo) ________________ ver a tu hermano en el colegio.
3. Ha ________________ fumar y está muy contento.
4. Ha ________________ jugar todos los domingos.
5. ¡Es una pena! Ha ________________ empezar a fumar.
6. Todos los fines de semana ________________ ir al campo.
7. ________________ terminar el trabajo antes de las seis.

Comunicación

8a **Mire los dibujos y escriba en su cuaderno qué les pasa a estas personas. Diga cómo se sienten y por qué.**

4 ⮑

8b **Justifique los sentimientos de la gente utilizando** porque.

1. Carmen está contenta porque ha visto a Miguel.
2. María Jesús ________________
3. Julia ________________
4. Sofía ________________
5. Marta ________________
6. Marisa ________________

Lectura y redacción

9a **Responda.**

¿Qué pintores hispanoamericanos conoce?
¿De qué países son?
¿Cómo describiría su pintura?

CULTURA

en Hispanoamérica	en España
la premiación	la entrega de premios

9b **Lea el texto y luego marque verdadero o falso.**

Julio Jorge Quispe Virhuez

Julio Jorge Quispe Virhuez nació el 7 de mayo de 1945 en Perú. Este pintor, que es hoy en día el más importante de Perú, es conocido bajo el seudónimo de «Quispejo». La historia de este seudónimo es la siguiente: En 1974 la Municipalidad de Miraflores organizó el concurso «Arte en el parque». En aquella ocasión el joven Julio firmó Quispe Jor, aduciendo[1] a Quispe Jorge, su segundo nombre. Durante la premiación[2] los anunciadores leyeron Quispe-Jo, lo que derivaría a su nombre: Quispejo.

Quispejo estudió en la Escuela Nacional Superior de Bellas Artes de Lima (Perú) donde se licenció[3] en 1973 con Medalla de Oro y Primer Premio de Pintura «Enrique Camino Brent». De los artistas del grupo PUKA PUNKU, del que fue miembro fundador[4], es el más famoso.

La obra de Quispejo pertenece al denominado[5] neoindigenismo, lo más representativo del costumbrismo nacional. Sus cuadros se caracterizan por un dibujo inconfundible[6], la variedad de colores, típicos del mundo andino, y el manejo de la luz y sus figuras geométricas. Sus temas son andinos y algunos opinan que ha rescatado[7] al hombre andino presentándolo con lo más tradicional de su vestimenta[8], el poncho y el sombrero, como símbolo de la cultura que no cambia con el tiempo. Las figuras de Quispejo son figuras sin rostro donde el individuo da paso a lo colectivo.

1 aducir *andeuten*
2 la premiación *Verleihung*
3 licenciarse *das Studium abschließen*
4 el miembro fundador *Gründungsmitglied*
5 denominado *so genannt*
6 inconfundible *unverwechselbar*
7 rescatar *retten*
8 vestimenta *Bekleidung*

	verdadero	falso
1. Quispejo es un escultor peruano.	☐	☐
2. Fundó el grupo PUKA PUNKU.	☐	☐
3. Los personajes de Quispejo se caracterizan por sus rostros inconfundibles.	☐	☐
4. Quispejo dedica sus cuadros al hombre alpino.	☐	☐

13 ¡MUCHAS FELICIDADES!

Una vez más

Vocabulario

1 **Complete.**

¿Cómo se llama ...

1. ... la fiesta en la que se celebra el nacimiento de Jesús? ____________
2. ... el lugar donde los niños aprenden a leer y escribir? ____________
3. ... lo que le regalan a alguien el día de su cumpleaños? ____________
4. ... lo que se bebe para brindar en una fiesta? ____________
5. ... lo que se pone en los ojos cuando le molesta el sol? ____________
6. ... el objeto donde escribe las citas que tiene cada día y lo que tiene que hacer? ____________
7. ... el objeto donde lee las noticias más importantes del día? ____________
8. ... el objeto donde mira qué hora es? ____________
9. ... el objeto donde lleva el dinero, el DNI y algunas tarjetas? ____________

Comunicación

2 **Traduzca las siguientes frases.**

1. Ich freue mich sehr.
2. Ich habe Zahnschmerzen.
3. Der Hals tut mir weh.
4. Ich habe am Montag Geburtstag.
5. Die Geburtstagsfeier war sehr schön.
6. Ich habe Angst vor Spinnen.
7. Ich bin froh, wenn ich meine Freunde sehe.

Gramática

3 **Complete con el imperativo negativo.**

1. No ____________ (comer / tú) el helado tan frío.
2. No ____________ (ver / tú) la tele antes de terminar el ejercicio.
3. No ____________ (pasar / ustedes) antes de que la azafata los llame.
4. No ____________ (salir / usted) solo por la noche. Es peligroso.
5. No ____________ (coger / tú) eso del suelo. Está sucio.
6. No ____________ (llegar / ustedes) tarde a la reunión.

4 ¿Qué les aconseja a las siguientes personas? Traduzca los consejos.

Hör auf zu trinken.

Juan, ____________________

Geh zum Sportstudio und mache Sport.

Margarita, ____________________

Trink einen heißen Tee mit Honig.

Carlos, ____________________

Schalte das Fernsehen aus und geh ins Bett.

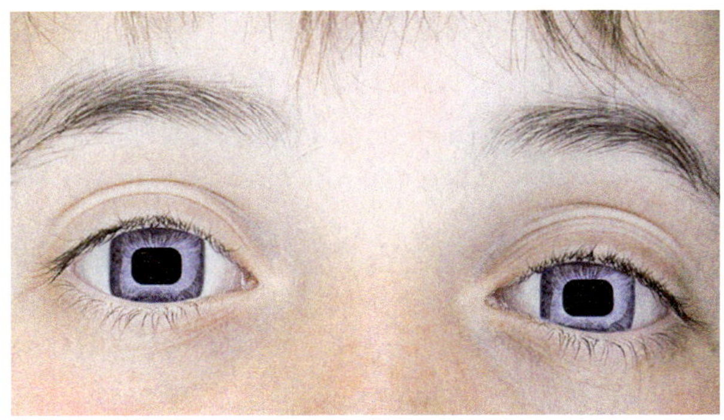

Miguel, ____________________

Vocabulario

5 Complete con las palabras que conoce.

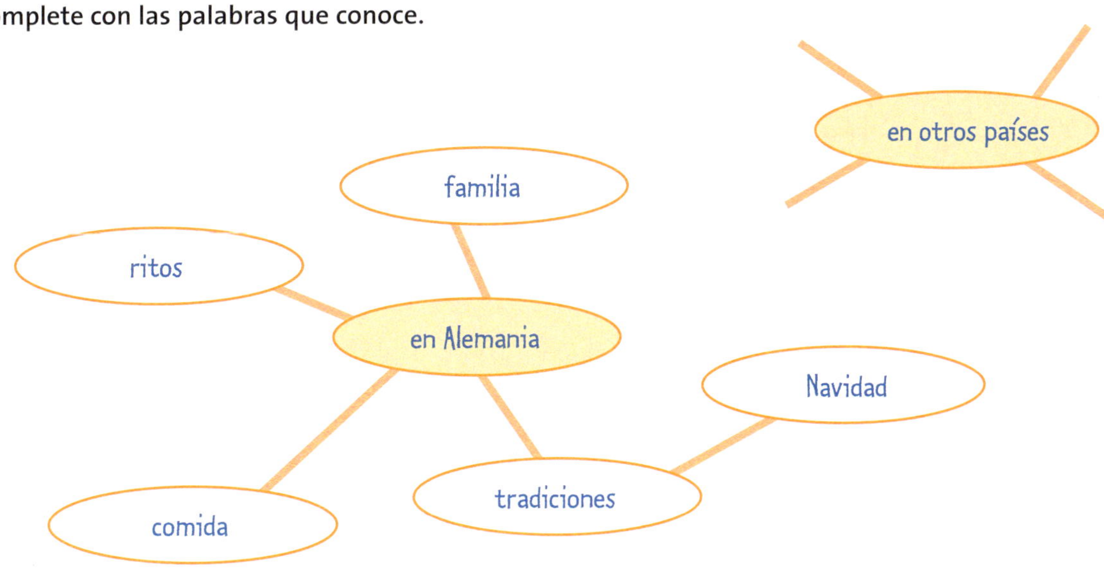

Gramática

9 ➪ **6** Complete la tabla.

infinitivo	hablar							
imperativo negativo								
tú	no hables	no vengas						
subjuntivo								
yo	hable		llegue					
tú				conozcas				
él/ella/Ud.					tenga			
nosotros/-as						salgamos		
vosotros/-as							hagáis	
ellos/-as/Uds.								vayan

11 ➪ **7a** Lea estos mensajes que le han escrito a Marina. Subraye los imperativos y haga un círculo alrededor de los pronombres (en rojo el objeto directo, en azul el objeto indirecto).

7b Escriba los infinitivos de los verbos que aparecen.

Ejemplo: envía(melo) – enviar

7c Transforme los imperativos de **7a** en frases con subjuntivo.

Ejemplo: ¡Envíamelo por correo! ⊠ Quiero que me lo envíes por correo. / Te escribo para que me lo envíes por correo.

para que · ojalá · espero que · quiero que

Comunicación

7 ⇨ **8** **Silvia escribe a los Reyes Magos. Complete.**

Queridos Reyes Magos:

Yo soy __________________ y vivo __________________

Ojalá ______________________________________

Quiero que ______________________________________

Espero que ______________________________________

Mis padres quieren que ____________ pero yo ____________

Hasta pronto,

Silvia

9 **Mire la foto y responda las preguntas.**

1. ¿Qué es?

____

____

2 ¿Cuándo se celebra?

____

____

3. ¿Desde cuándo se celebra?

____

4. ¿Qué se puede ganar?

____

5. ¿Cómo se llama el primer premio?

____

6. ¿Qué le dice a la gente que ha ganado?

____

7. ¿Qué le dice a alguien que no ha ganado nada?

____

8. ¿Qué le dice a alguien al que le desea suerte?

____

9. Su amigo ha comprado lotería. ¿Qué le dice?

____

¿Ha podido responder a todas las preguntas? Si necesita ayuda puede consultar la página 45 del libro del alumno (unidad 4).

Lectura y redacción

10a Lea el texto sobre la Navidad.

LA NAVIDAD EN ESPAÑA Y EN ALEMANIA

La Navidad no sólo es una fiesta cristiana. Ya los pueblos paganos[1] celebraban esta fecha, que es también el solsticio de invierno[2]. Es una fiesta con mucha historia y tradición y cada país la celebra de manera un poco diferente.
El Adviento, la fase de preparación a la llegada de Jesús, se celebra en Alemania con ciertas tradiciones que no existen en España. Por ejemplo, en España no hay coronas ni calendarios[3] de Adviento.
El día 6 de diciembre es festivo, es el Día de la Constitución, pero no se celebra el día de San Nicolás. Los niños no reciben regalos este día.
Las familias decoran las casas con un «belén»[4], aunque el árbol de Navidad es cada vez más popular.
El día 22 los españoles esperan con impaciencia que los niños de San Ildefonso canten los números de la lotería de Navidad para ver si les ha tocado el «gordo».
En Nochebuena (día 24) toda la familia se reúne para cenar: padres, hermanos, tíos, primos, abuelos, etc. Se come generalmente pavo o pescado. Después de la cena se toma turrón y polvorones y se bebe cava. Luego se cantan villancicos[5], canciones populares de Navidad muy conocidas y alegres, ante el belén. Tradicionalmente no hay regalos este día como en Alemania. Después de la cena mucha gente va a la Misa de gallo[6], a las doce de la noche.
El día 25, día de Navidad, es festivo, pero no el 26, el día de San Esteban.
El día 28 es el día de los Santos Inocentes[7]. En este día se hacen «inocentadas», que son bromas[8]. Es como en Alemania el 1 de abril.
El día 31 es el día de Nochevieja. Mucha gente cena en casa con la familia y después sale con los amigos a la calle a darle la bienvenida al Año Nuevo.
A las doce en punto los españoles toman con las campanadas las doce uvas, una uva para cada mes. Se llaman «uvas de la suerte», pues si las comes todas al ritmo de las campanadas, vas a tener mucha suerte.
El día 1 es Año Nuevo. En algunas regiones los niños salen a pedir[9] por las calles.
Pero la gran fiesta de los niños es el día 6 de enero, el día de los Reyes Magos.
El día 5 de enero por la noche, los niños colocan sus zapatos delante de la puerta o del balcón esperando encontrarlos llenos de regalos al día siguiente. Y por las calles se pueden ver las cabalgatas[10] donde Melchor, Gaspar y Baltasar se pasean en carrozas y les tiran caramelos a los niños.
El día 6 de enero se come un bizcocho especial, el roscón de Reyes[11], en el que hay una figurita. El que la encuentre tiene suerte durante todo el año.

1 pagano *heidnisch*
2 el solsticio de invierno *Wintersonnenwende*
3 no hay coronas ni calendarios de Adviento *weder Adventskränze noch -kalender*
4 el belén *Krippe*
5 el villancico *Weihnachtslied*
6 la Misa de gallo *Mitternachtsmesse*
7 los Santos Inocentes *die unschuldigen Kinder*
8 las bromas *Späße*
9 pedir *hier: betteln*
10 las cabalgatas *Umzüge*
11 el roscón de Reyes *Königskuchen*

10b Responda.

1. ¿Qué celebraban los pueblos paganos?
2. ¿Cómo celebran los españoles la Nochebuena?
3. ¿Qué se hace el día de los Santos Inocentes?
4. ¿Por qué es el día de los Reyes Magos muy importante para los niños?
5. ¿Cuándo se come el roscón de Reyes?

14 ¡... Y QUE SEA BARATO!

Una vez más

Vocabulario

1 ¿Qué es esto? Escriba el nombre encima de cada objeto.

5

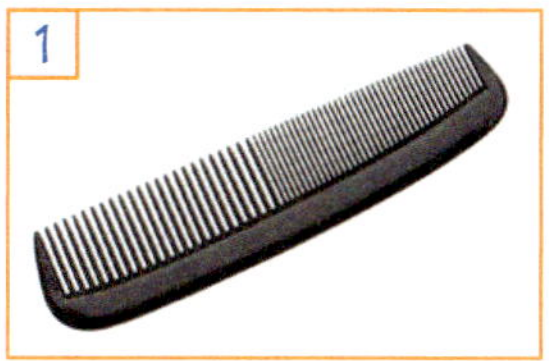
1

3

7

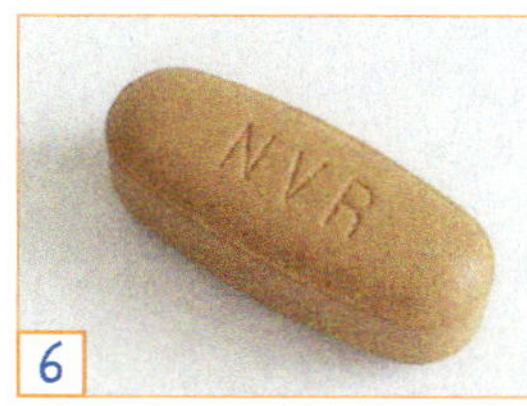

6

2

4

8

Gramática

2 Complete las frases con la forma correcta del subjuntivo.

1. Te llamo a las ocho para que no ____________ (llegar / tú) tarde.
2. Sra. Schmidt, aquí tiene el diccionario para que ____________ (traducir) las frases.
3. ¡Espero que usted ____________ (saber) la dirección!
4. Ojalá que ____________ (tener / vosotros) unas vacaciones estupendas.
5. Luisa quiere que ____________ (ir / nosotros) al cine con ella, pero yo no tengo ganas.
6. Mi jefe espera que ____________ (terminar / yo) pronto con el trabajo, pero ¡es mucho!
7. Tengo que ir al banco. Ojalá no ____________ (haber) mucha gente porque no tengo tiempo.
8. ¡Hola, Bea! Voy a las tres a tu casa para que ____________ (tomar / nosotras) un cafecito, ¿vale?
9. ¡Hola, Sara! Espero que ya no ____________ (estar) enferma.
10. El profe quiere que ____________ (aprender / nosotros) todos estos verbos. ¡Qué aburrido!

Comunicación

3 Tache lo que no es correcto.

1. ¿Cómo / Qué te gusta hacer el fin de semana?
2. ¿De dónde / Dónde vienes?
3. ¿Adónde / De dónde vas?
4. Mira esas camisas, ¿cuál / cuáles te gusta?
5. ¿Cuándo / Cuánto es tu cumpleaños?
6. ¿Quién / Quiénes son esas chicas?

Vocabulario

2 ⇨ **4** **Elija la respuesta correcta.**

1. El bolso es de ... a lana. b plata.
2. El reloj es de ... a seda. b plata.
3. Las copas son de ... a cristal. b algodón.
4. El mantón es de ... a seda. b plástico.
5. La alfombra es de ... a algodón. b cristal.
6. Las gafas son de ... a plástico. b lana.
7. La corbata es de ... a seda. b oro.
8. Las pulseras son de ... a madera. b algodón.
9. La mesa es de ... a algodón. b madera.
10. Las zapatillas son de ... a oro. b cuero.

5 **Mire otra vez los objetos de 1. ¿Para qué sirven las cosas?**
4 ⇨

Ejemplo: El pasaporte sirve para poder viajar a otros países.

6 **¿Qué significan las palabras? Escriba una definición para cada una.**
5 ⇨

Ejemplo: 1. La mascota es un animal que vive contigo en casa.

1. la mascota
2. regatear
3. una ganga
4. valioso/-a
5. la bisutería
6. la avalancha
7. el mercadillo
8. de segunda mano
9. el/la madrileño/-a
10. el aperitivo

Gramática

... que conozca bien la ciudad.

7 **¿A quién buscáis? Utilice la forma correcta del subjuntivo y haga frases. Buscamos:**
6 ⇨

Un/a médico/-a		preferir	a la abuela en casa.
Un/a profesor/a		recordar	siempre la seguridad en el trabajo.
Un/a abogado/-a		pensar	bien a su jefe/-a.
Un/a ingeniero/-a		sacar	serio/-a y responsable.
Un/a estudiante		construir	preparar buenas paellas.
Un/a enfermero/-a		ayudar	a personas interesantes.
Un/a mecánico/-a		poder	en sus clientes.
Un/a vendedor/a	que (me)	parecer	puentes.
Un/a taxista		entrevistar	a pasear a mi perro.
Un/a secretario/-a		cuidar	muy bien la gramática.
Un/a cocinero/-a		entender	con mi dolor de cabeza.
Un/a peluquero/-a		conocer	trabajar por las noches.
Un/a arquitecto/-a		saber	trabajar de canguro.
Un/a pensionista		explicar	los materiales naturales.
Un/a periodista		querer	muy bien la ciudad.

9 ⇨ **8** **Complete el texto con las formas del subjuntivo.**

Querida revista «Corazones Rotos»:

Os escribo esta carta porque necesito vuestra ayuda. Busco desesperadamente un hombre que me __________ (querer) y que me __________ (entender). ¡Nada más!

Deseo que mi gran amor __________ (ser) alto, moreno y muy fuerte, muy inteligente y, si es posible, que __________ (tener) dinero y buenos sentimientos.

Quiero que él, el príncipe de mis sueños, __________ (morirse) de amor por mí y que me __________ (pedir) que __________ (casarme) con él inmediatamente.

Espero que él me __________ (ayudar) con el trabajo de la casa y que __________ (cuidar) a los niños. Deseo que me __________ (preguntar) todos los días cómo estoy y que me __________ (decir) que no puede vivir sin mí. Además espero que no __________ (levantarse) tarde, sino que __________ (dormir) poco para que __________ (preparar) el desayuno por las mañanas.

Quiero que él __________ (sentirse) todos los días feliz conmigo y que me __________ (hacer) a mí también muy feliz. ¡Y que __________ (saber) bailar!

Además, deseo que mi príncipe __________ (conocer) muchos países y lugares interesantes para que __________ (ir) conmigo allí, me __________ (servir) de guía y me __________ (enseñar) todos los lugares que conoce.

¿Creéis que podéis encontrar a un chico así para mí?

Esperanza.

8 ⇨ **9** **Complete con ir o venir.**

1. + ¿A dónde __________ con esa ropa?
   – No __________ a ninguna parte, __________ de hacer deporte.
2. + Gloria, Araceli y yo __________ a una fiesta esta noche, ¿__________ con nosotras?
   – Lo siento, pero no podemos, tenemos otra fiesta.
3. + ¿De dónde __________?
   – Uf, de la oficina y estoy muerto.
   + Pero Carmen y Alejandro __________ al teatro esta noche. ¿Y nosotros?
   – Tú puedes __________ con ellos, pero yo me quedo en casa.
4. + Escucha, tu amigo Juan, ¿no __________ este fin de semana a Madrid a visitarte?
   – Sí, eso es, y en mayo __________ de vacaciones a Italia.
   + ¡Qué suerte!

9 ⇨ **10** **Mire los dibujos y complete con llevar o traer.**

Andrea: Mamá, ¿me ____________ al centro en coche?

Madre: Vale, yo te ____________, pero ¿quién te ____________ a casa?

Eugenia: Antonio, ¿____________ estos pantalones también?

Antonio: ¡Ay, Eugenia!, tú siempre ____________ mucha ropa. Al final te compras un montón de cosas y ____________ dos maletas más a casa.

10 ⇨ **11** **Complete el texto con los imperativos de ir, venir, llevar y traer.**

La secretaria del señor Toro

Sonia Suárez es la secretaria del señor Toro. Su trabajo no es nada fácil. Frecuentemente el señor Toro dice cosas como:

Sonia, ____________ aquí, necesito hablar contigo. Por favor, ____________ a Correos y ____________ estas cartas. Pero ____________ pronto, porque necesito tu ayuda. ¡Ah! Y de camino a la oficina ____________ a la panadería y ____________ un pastel para esta tarde.

Después ____________ al banco, ____________ estos documentos a la oficina del Sr. Pereira, el director del banco, y ____________ los papeles para los impuestos. ____________ también esta carta a la escuela de mi hija, ¿vale? Es que está enferma. Habla con su profesora y ____________ una lista con los deberes para la escuela.

Después ____________ a la perfumería y ____________ el regalo que le compré a mi mujer por nuestro aniversario de bodas. Y, por favor, ____________ también el dinero para pagar el regalo.

Y cuando termines, empezamos a trabajar, ¿vale?

Comunicación

12a **Relacione.**

1. ¿Conoces El Rastro?
2. ¿Y te gustan los mercadillos?
3. ¿Has comprado muchas cosas?
4. ¿Y regateas los precios?
5. ¿Hay algo que nunca comprarías allí?

a) Sí, me encanta pasar horas allí.
b) No, no tengo problema con las cosas usadas.
c) Claro, es uno de los mercados más antiguos de Madrid.
d) ¡Claro que sí! Eso es lo más divertido.
e) A veces compro libros o revistas viejas.

12b **¿Qué preguntas de 12a corresponden a estas respuestas?**

a) ¡Qué va! ¡Me da vergüenza!
b) ¡Para nada! ¡Son muy caros!
c) ¡Nada! Una vez quería un libro, pero no lo compré.
d) Zapatos. Me sentiría incómodo.

Lectura y redacción

13a **Lea el siguiente texto.**

Vivir experiencias en otros países

VÍCTOR; GUATEMALTECO EN PARÍS Y EN BERLÍN

La primera vez que llegué a Europa fui a París, pero me fue muy mal. Llegué sin papeles y no tenía trabajo. Durante un tiempo trabajé como camarero y después en una panadería, pero ganaba muy poco. Quería regresar a Guatemala cuando conocí a Inga, mi novia, y me fui con ella a Berlín.

Allí el problema fue el idioma. ¡Uf!, el alemán y yo no somos muy amigos. Pero ya hablo un poco mejor. Ha sido difícil, pero ahora nos queremos casar.

ÚRSULA, COSTARRICENSE EN ESCOCIA

Yo pedí un lugar en la universidad. Si llegas con tus papeles en orden, no hay problema. Nunca he tenido problemas como costarricense en Escocia. La gente es muy amable y se interesa mucho por mi país.

Sé que los europeos son muy estrictos con los visados[1], pero es que mucha gente quiere venir a Europa sin papeles y esto es un problema. Además en Latinoamérica muchos creen que salir del país es lo mejor, pero yo sé que si quieres, puedes tener una vida buena también allá. Cuando termine los estudios, sueño con regresar a mi país.

SERGIO, BOLIVIANO EN ESTOCOLMO

Llevo 25 años en Europa. Llegué aquí para hacer música, pero ahora tengo mi propio negocio. Me casé y tengo tres hijos, pero siempre he querido volver a mi país. Todavía extraño[2] a mi familia, a mis amigos y las cosas típicas de Bolivia. Mis hijos no. Ellos son suecos y no se sienten bolivianos como yo. Siempre me dicen: « Papá, has vivido más años en Suecia que en Bolivia ». Por suerte Astrid, mi mujer, también quiere irse conmigo. Cuando ya no trabajemos más, queremos comprar una casa en Bolivia y vivir allá durante el invierno.

1 el visado *Visum* 2 extrañar *vermissen*

13b **¿Quién es? Escriba V, para Víctor; U, para Úrsula; o S, para Sergio al lado de las frases.**

1. Está casado y tiene una familia. ☐
2. Vino a Europa para estudiar. ☐
3. Trabajó en un restaurante. ☐
4. Comprende que puede ser difícil obtener papeles y documentos legales. ☐
5. Lleva viviendo más tiempo en el extranjero que en su país. ☐
6. Le gustaría vivir en los dos países. ☐
7. Ha sido muy difícil aprender el idioma. ☐

15 EL FUTURO YA ESTÁ AQUÍ

Una vez más

Vocabulario

1 **¿Qué tiempo hace? Relacione las frases con los dibujos de acuerdo a su opinión.**

- 1 Hace frío.
- 2 Nieva.
- 3 Hace calor.
- 4 Llueve.
- 5 Hace 36 grados en la sombra.
- 6 Hace sol.
- 7 Está nublado.
- 8 Hace viento.
- 9 Hay tormenta.
- 10 Hay niebla.
- 11 Hace diez grados bajo cero.

el verano

el otoño

el invierno

la primavera

Gramática

2 **Complete el cuadro con el infinitivo y las formas del condicional.**

infinitivo	saber							
yo		haría						
tú			podrías					
usted				habría				
él/ella/usted					querría			
nosotros/-as						diríamos		
vosotros/-as							pondríais	
ellos/ellas/ustedes								tendrían

Comunicación

3 **Complete las frases.**

Me gusta el tiempo cuando:
1. hace calor
2. hace frío
3. llueve
4. hace sol
5. hay nieve

porque ...

No me gusta el tiempo cuando:
1. hay tormenta
2. está nublado
3. hace mucho viento
4. hace 36 grados en la sombra
5. hace seis grados bajo cero

porque ...

Vocabulario

4 **¿A qué grupo pertenece? Complete cada asociograma. Hay varias soluciones posibles.**

2

el carro de la compra – Internet – la llave – el supermercado – la tarjeta – la caja – el cliente – la cuenta bancaria – bajar las persianas – los empleados – el chip electrónico – la pantalla de plasma – el riego del jardín – encender la luz – la oferta – el sistema de seguridad – personalizada – el crédito – el experto – encender el horno

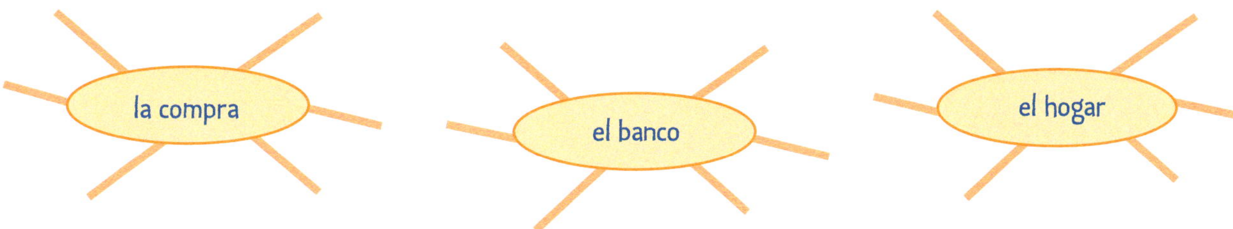

4b **5** **Traduzca las palabras, complete y encuentre la solución.**

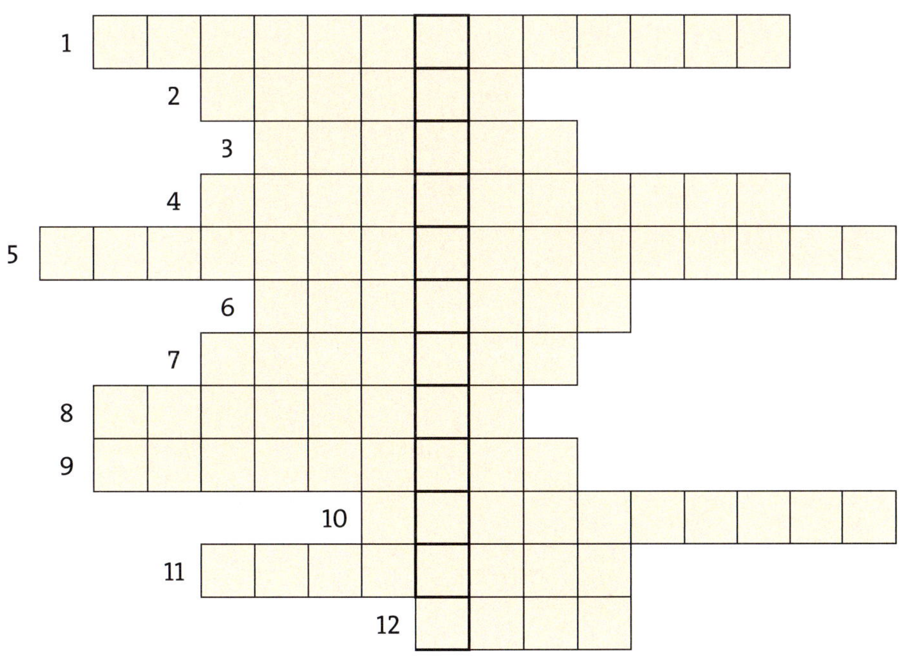

1. Verschmutzung
2. Impfung
3. Dürre
4. Diagnose
5. Haushaltsgerät
6. Orkan
7. Ernte
8. Brand
9. Erdbeben
10. Krankheit
11. Sturm
12. Aids

La solución es: ______________________.

Gramática

¡RECUERDA!
Der Stamm des Futurs der unregelmäßigen Verben ist derselbe wie beim Konditional.

6 **Mire el cuadro de 2 y complételo con el futuro simple.**

infinitivo	saber	hacer	poder	haber	querer	decir	poner	tener
yo								
tú								
él/ella/usted								
nosotros/-as								
vosotros/-as								
ellos/-as/Uds.								

11 ⇨ **7** **Mire los dibujos, complete con el futuro simple de los verbos y haga suposiciones.**

haber – tener – pensar – estar – hacer – venir – comer

1. + Oye, ¿qué le pasa a Pedro?
   – No sé, ____________________ en Patricia, su novia, ¿no?

2. + Julio, no sé qué tiene Carlitos.
   – Pues, ____________________ hambre, digo yo.

3. + ¿Y Ramón? ¿Por qué no ha llegado?
   – No lo sé. ____________________ en coche y ____________________ mucho tráfico.

4. + Estoy pensando en Rocío, ya es tarde, ¿no?
   – La pobre ____________________ todavía en la biblioteca.

5. + ¿Has visto a Carmen? ¡Qué delgada está!
   – ¡Bah! No ____________________ nada y ____________________ dietas todo el tiempo, ¡qué aburrido!

9 ⮑ **8** **Lea la historia y complete con los verbos en futuro simple.**

¿Cómo llegó el día a Nóctilus? La historia de Minus y Horis.

Había una vez una ciudad llamada Nóctilus. Allí sólo había mujeres, porque cinco años antes la bruja[1] Eclipse había secuestrado[2] a todos los hombres. Eclipse también había secuestrado la luz del sol, porque ella odiaba el día. Desde entonces las mujeres y las niñas de la ciudad vivían solas en la oscuridad.

Todas estaban muy tristes, y entre ellas Horis, la princesa de Nóctilus, que echaba de menos a su padre y a su enamorado Minus. Entonces, un día, Horis fue a buscar a la bruja Eclipse. Habló con ella y pidió la libertad de los hombres de Nóctilus. La bruja le contestó:

Eclipse: Si me regalas tu juventud[3], yo ________________ (dejar) libres a los hombres. Todos ________________ (volver) a vuestro pueblo. Ellos ________________ (ver) otra vez a sus familias y ________________ (vivir) felices en sus casas. Las mujeres ya no ________________ (tener) que estar solas. Tú príncipe y tú os ________________ (poder) casar y ________________ (formar) una familia.

Horis, muy triste, le contestó:

Horis: Pero, si me quitas mi juventud, entonces ________________ (ser) vieja cuando mi príncipe regrese. Él ________________ (venir) de nuevo a la ciudad, pero no me ________________ (reconocer[4]), no ________________ (saber) quién soy y después de verme yo no le ________________ (gustar) más, porque ________________ (ser) muy mayor para él, ya no me ________________ (querer) nunca más.

Eclipse: ¡Así es mi niña! Pero si realmente los amas a él y a tu padre, entonces lo ________________ (hacer). Me ________________ (dar) tu juventud y ________________ (vivir) triste sin ellos pero en una ciudad feliz.

Horis, que amaba tanto a su príncipe y a su padre, respondió:

Horis: ¡De acuerdo!, te ________________ (dar) mi juventud y tú ________________ (dejar) a todos los hombres libres.

Eclipse tomó la juventud de Horis y se convirtió en una mujer muy joven y bella. Inmediatamente liberó a todos los hombres y también la luz del sol. Ellos regresaron a Nóctilus y todos vivieron felices. Minus buscó a su amada Horis por toda la ciudad, pero nunca la encontró. Horis nunca más volvió a Nóctilus.

1 la bruja *Hexe* 2 secuestrar *entführen* 3 la juventud *Jugend* 4 reconocer *erkennen*

Comunicación

9 12 ⮑ **Pues yo creo que ... Traduzca las frases. Utilice estar + gerundio y el futuro simple.**

1. Wahrscheinlich bereiten meine Nachbarn jetzt das Essen vor.
2. Sicher spielt mein Hund Barriga jetzt mit der Katze im Garten.
3. Sicher treibt Berenice gerade Sport.
4. Sicher isst Elena wieder Kuchen.
5. Wo seid ihr? Ihr seht sicher gerade einen Film, nicht wahr?

Lectura y redacción

EL HORÓSCOPO Y LOS SIGNOS DEL ZODIACO

Aries
20/03 – 19/04

Tauro
20/04 – 20/05

Géminis
21/05 – 20/06

Cáncer
21/06 – 22/07

Leo
23/07 – 22/08

Virgo
23/08 – 22/09

Libra
23/09 – 22/10

Escorpio
23/10 – 21/11

Sagitario
22/11 – 21/12

Capricornio
22/12 – 12/01

Acuario
20/01 – 17/02

Piscis
18/02 – 19/03

11a Relacione.

En tiempos de:

1. Tauro
2. Leo
3. Escorpión
4. Capricornio
5. Piscis

a) es Navidad.
b) todavía hace frío y nieva.
c) llega la primavera.
d) hace mucho calor.
e) es otoño.

11b Lea los horóscopos y marque el signo del zodiaco correcto.

Aries
20/03 – 19/04

Predicción:
Trabajo: Tu jefe necesitará tu ayuda hoy más que nunca y esta será una buena oportunidad para ti.

Géminis
21/05 – 20/06

Predicción:
Amor: La persona en la que piensas te llamará y te pedirá un favor. ¡Este es tu momento!

Virgo
23/08 – 22/09

Predicción:
Salud: Te resfriarás fácilmente, pero te recuperarás pronto. ¡No salgas, si llueve!

¿Qué signo es?

	Aries	Géminis	Virgo
1. Tal vez visitará al médico.	☐	☐	☐
2. Tendrá un trabajo mejor.	☐	☐	☐
3. Se enamorará.	☐	☐	☐
4. Ayudará a sus compañeros.	☐	☐	☐
5. Llevará un paraguas.	☐	☐	☐

AUTOEVALUACIÓN

Vocabulario

1 Relacione las palabras con los temas.

1 las aficiones

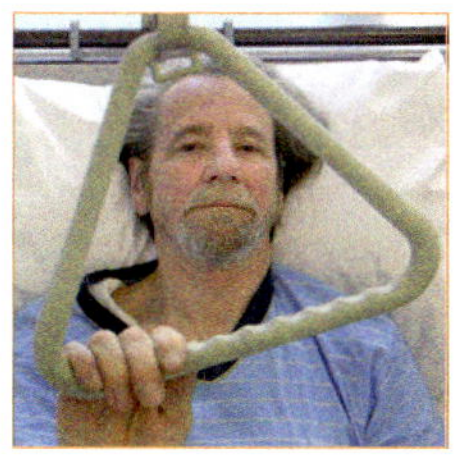

2 la salud

3 la empresa

4 los medios de comunicación

5 la alimentación

☐ alérgico/-a ☐ asado/-a ☐ el canal ☐ coleccionar ☐ el (ordenador) portátil
☐ el anuncio ☐ el cubierto ☐ el documental ☐ el dolor ☐ el embutido
☐ el informativo ☐ el/la paciente ☐ el videojuego ☐ el/la cliente/-a ☐ el/la empleado/-a
☐ el esquí ☐ el periódico ☐ la dieta ☐ la enfermedad ☐ el baile ☐ montar a caballo
☐ la impresora ☐ la naturaleza ☐ la picadura ☐ la Pyme ☐ la sala de urgencias
☐ la sección ☐ los recursos humanos ☐ pintar ☐ vegetariano/-a

2 ¿Qué sustantivo corresponde?

oír – contratar – entrevistar – acceder – doler – preparar – fotocopiar – importar – producir – cambiar – amar – proponer

Ejemplo: oír → el oído

3 Traduzca.

tal vez – aunque – aún – sin duda – a partir de – ¡Ojalá! – ¡Atención! – ¡Qué lástima! – todo lo contrario – más bien – dentro de poco – de repente – de vez en cuando – ¡Lo siento! – ¡No me digas! – ¡A tu salud!

4 Una con una flecha.

estar 1	a vergüenza a alg.	la cuenta 5	e solar
dar 2	b preocupado/-a por a/c	el estado 6	f climático
dejar 3	c a hacer algo	el cambio 7	g de ánimo
volver 4	d de hacer algo	el panel 8	h bancaria

Gramática

5 ¡Qué desorden! ¿Quién le ayuda a Lidia? Responda según el modelo.

Ejemplo: Sara / hacerle la cama + ¿La cama se la hace Sara? – Sí, la cama se la hace ella.

1. Samuel / hacer la compra
2. Julio / colocar los libros
3. David / limpiar las ventanas
4. María / recoger la ropa

6 Complete con el tiempo correcto.

1. Antes __________ (pintar / yo) mucho pero desde que __________ (trabajar) no tengo tiempo para nada.
2. Esta mañana Luis __________ (cuidar) a mi hija. Lo __________ (hacer) muy bien. Mañana __________ (venir / él) otra vez.
3. El verano pasado Marina __________ (hacer) submarinismo. Le __________ (gustar) mucho.
4. Yo __________ (estar) leyendo el periódico cuando __________ (sonar) el teléfono.
5. Antes, cuando Miguel __________ (tener) un libro interesante __________ (olvidarse) de todo. Ahora ya casi no __________ (leer).
6. Ayer __________ (ir / nosotros) al centro para ver el casco antiguo.
7. José __________ (emigrar) ya hace años por motivos políticos.
8. Mañana __________ (ir / nosotros) al mercadillo para __________ (comprar) artesanía.
9. La semana pasada Pedro __________ (comprar) un coche nuevo. Al día siguiente __________ (ir) al trabajo en coche. Lo __________ (aparcar) enfrente de la oficina, pero cuando __________ (salir) el coche no __________ (estar). Se lo __________ (robar) en pleno día. ¡Imagínate!

7 Complete con el tiempo y modo correctos.

1. Mi madre siempre me dice: No __________ (poner) los pies en el sofá.
2. Yo creo que Costa Rica __________ (ser) un país muy bonito al que me gustaría viajar, pero no creo que este año __________ (poder) hacerlo.
3. Juan __________ (entregar) esta mañana el informe, para que la jefa __________ (poder) opinar sobre el asunto.
4. Mi hermano __________ (estar) ahora en China. Ojalá me __________ (escribir) pronto.
5. Si vais a Madrid quiero que me __________ (comprar) un mantón de Manila.
6. Felipe está en el hospital. Espero que no __________ (tener) nada grave.
7. Mis hijos ponen los zapatos en el balcón para que los Reyes Magos __________ (poner) allí los regalos. Mi hija espera que este año le __________ (traer / los Reyes Magos) una bicicleta.
8. No me parece correcto que Santi __________ (entregar) su informe tan tarde.

Comunicación

8a **¿Qué le recomienda a estas personas? Utilice el condicional.**

tomar clases de canto – no comer caramelos – ir a un curso de natación – dejar de beber – participar en concursos – ~~ir al dentista~~ – beber sólo zumos – practicar con amigos – tomar una aspirina – no ir más de bares con los amigos

Ejemplo: David, yo que tú iría al dentista.

1. A David le duele una muela desde hace una semana.
2. Alba bebe demasiado y no se sabe controlar.
3. Mario canta muy bien pero sólo en la ducha.
4. Beatriz no sabe nadar. Le da mucho miedo el agua.

8b **Las personas responden a las propuestas. Utilice el futuro.**

Ejemplo: David: Sí, tienes razón. Iré al dentista. Pero no tomaré aspirina.

Pero, ¿qué dices? Yo no iré al dentista.

9 **Marque con una cruz la respuesta correcta.**

1. ¿Quién le ha comprado el coche a Juan?
   - a Se lo ha comprado su padre.
   - b Le lo ha comprado su padre.
2. ¿Desde cuándo no fuma?
   - a Pues, desde febrero empecé a fumar.
   - b Pues, dejé de fumar en febrero.
3. Me voy a la cama.
   - a Tengo sueño.
   - b Tengo sed.
4. No puedo ir a la playa porque no tengo coche.
   - a Pues ven con nosotros.
   - b Pues vengas con nosotros.

Lectura y redacción

10a **En Perspectivas A2 hemos hablado de muchos temas. ¿A qué tema se refiere cada texto?**

Es un lugar que se encuentra en una isla española que pertenece al archipiélago canario. Es un Parque Nacional que en 2007 ha sido declarado Patrimonio Natural de la Humanidad por la UNESCO. Es el pico más alto de España y tiene 3.718 metros de altitud.

Solución: ____________

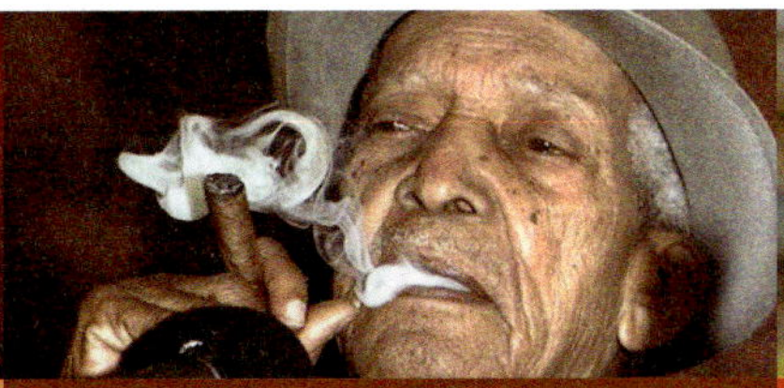

Es un cubano que nació en 1907 en Siboney, cerca de Santiago de Cuba. Inventó el armónico, un instrumento de siete cuerdas, parecido a la guitarra española. En 1997 participó en « Buena Vista Social Club » y alcanzó fama internacional. Murió en 2003 en La Habana.

Solución: ____________

Nació el 26 de octubre del año 1959 en Bolivia como hijo de agricultores. Vivía en pueblo pequeño y de forma muy humilde. En 2005 fue elegido presidente de Bolivia. Es el primer indígena que ha conseguido llegar a ser presidente. En 2007 se rodó una película sobre él.

Solución: ____________

10b **Escoja un tema de Perspectivas A2 que le interese y escriba un texto como en estos ejemplos.**

SOLUCIONES

1 EN CENTROAMÉRICA

1 por la mañana; por las mañanas; todo el día; todos los días; el lunes; los lunes; todo el verano; todos los veranos; el día siguiente; el año que viene; la semana que viene; en 15 días; el año pasado; el viernes pasado; anoche; anteayer

3 1. La semana pasada María comió en un restaurante excelente.; 2. Anoche (yo) escribí una carta a Juan.; 3. El año pasado Tino y Pilar aprendieron a bailar salsa.; 4. ¿Juan y tú fuisteis a Cuba el verano pasado?

4a hizo; enseñaron; vimos; empecé; fuiste; conocisteis

4b 1. **yo:** empecé, empiezo, empezar; **tú:** fuiste, vas, ir; **Pablo:** hizo, hace, hacer; 4. **Felipe y yo:** vimos, venimos, venir; 5. **José y tú:** conocisteis, conocéis, conocer; 6. **Eduardo y Lidia:** enseñaron, enseñan, enseñar

5 1. proyectos sociales; 2. niños necesitados; 3. no saber cómo empezar / decir nada; 4. no poder decir nada; 5. todo lo necesario; 6. dar un paseo; 7. así es; 8. claro que sí

6 informar – la información; organizar – la organización; preparar – la preparación; necesitar – la necesidad; desarrollar – el desarrollo

7 comen**c**é; nave**gu**é; comenzaste; pa**gu**é; empe**z**ó; ju**gu**é; pa**g**amos; almor**c**é; lle**gu**é; lle**g**aron; organi**z**aron; empe**z**ó; cru**z**aron

8 1. donde; 2. que; 3. donde; 4. que, que; 5. quien; 6. donde

9 **decir:** dije, dijiste, dijo, dijimos, dijisteis, dijeron; **dar:** di, diste, dio, dimos, disteis, dieron; **estar:** estuve, estuviste, estuvo, estuvimos, estuvisteis, estuvieron; **hacer:** hice, hiciste, hizo, hicimos, hicisteis, hicieron; **venir:** vine, viniste, vino, vinimos, vinisteis, vinieron

10 pudiste; fue; gustó; fuimos; estuvimos; pasamos; vi; escribió; tuvo; enseñaron; Aprendió; viajó; empezó; se quedó; aprendió; conoció; Fue; estuvo; vieron; cenaron

11 1. campesino; 2. bosque; 3. pobreza; 4. población; 5. playa; 6. seco

12a **Guatemala:** quince, indígena; Ciudad de Guatemala, 28,3 °C, café, caña de azúcar y plátanos; **Costa Rica:** San José, muchos volcanes / muchos animales, Panamá

2 AHORA ES DIFERENTE

2 dar, **yo:** doy, di, estoy dando; ver; **tú:** ves, viste, estás viendo; ir, **él/ella/usted:** va, fue, está yendo; tener; **nosotros/-as:** tenemos, tuvimos, estamos teniendo; venir, **vosotros/-as:** venís, vinisteis, estáis viniendo; dormir, **ellos/ellas/ustedes:** duermen, durmieron, están durmiendo

3 Me levanté; me duché; desayuné; salí; Llamé; me fui; Compré; me acerqué; vi; dijo; me quedé; miré; Decidimos; Fue; Caminamos; hablamos; Comimos; Volvimos; nos fuimos

4 Lösungsvorschlag: en casa: planchar, limpiar la casa, lavar los platos, pasar la aspiradora, cocinar para la familia ...; tiempo libre: hacer yoga, ir al fútbol, ir de compras, ir al cine, pintar ...

5a Lösungsvorschlag: 1. Es periodista.; 2. No, todavía está viviendo en casa de su madre.; 3. Cuando llega a casa pregunta qué hay para comer.; 4. Depende de cada hombre. Pero muchos ya ayudan en casa.

5b Lösungsvorschlag: 1. Antes los hombres eran diferentes. Antes no lavaban los platos, hoy sí.; 2. Antes los hombres eran más románticos, hoy no.; 3. Antes no jugaban mucho con sus hijos, hoy sí.; 4. Antes los hombres no veían mucho la tele, hoy sí.; 5. Antes los hombres trabajaban más que ahora.

6a María iba; ellos tenían; tú eras; vosotros veíais; tú y yo dormíamos; yo salía; ella hacía; ustedes decían; nosotros poníamos; usted leía

6b 1. Todo los días Sara salía con su amiga.; 2. Siempre veía las noticias por la noche.; 3. Cada día iba a la piscina.; 4. Frecuentemente se acostaba a las 22 h.

7 1. estaba, Había, hacía, empezó; 2. Eran, Estaba, estaba, se oyó; 3. Estaba, Había, tenían, sacaron, se quitaron, empezaron

8a quería; salí; hacía; fui; quería; era; había; compré; Era; vi; Era; tenía; dijo; Sabía; era; Era; podía; Fue, estaba

8b me levanté; me duché; desayuné; Llamé; fui; Compré; acerqué; vi; acercó; dijo; quedé; Fue; miré; Decidimos; Fue; Paseamos; hablamos; Comimos; Volvimos, fuimos

8c **¿Que pasó y qué hicieron las personas?:** frases en indefinido; **¿Cómo era el lugar, la situación? ¿Cómo eran las personas?:** frases en imperfecto

9 1. Mimi no come ni carne ni pescado.; 2. Antonio y Juan no hablan ni inglés ni francés.; 3. A Quique no le gusta ni la playa ni el mar.; 4. Nosotros no viajamos ni en avión ni en barco.; 5. Luisa no conoce ni París ni Londres.

10a Lösungsvorschlag: Fidel y Raúl Castro (Cuba); Hugo Chávez (Venezuela); Michelle Bachelet (Chile), ... Bolivia y Paraguay son los dos únicos países de Suramérica que no tienen costa. La capital de Bolivia es Sucre, aunque el gobierno está en La Paz. Bolivia tiene unos ocho millones de habitantes; más de la mitad son indígenas. Hasta la llegada de los españoles en el siglo XV formaba parte del imperio Inca ...

10b 1. Es presidente de Bolivia.; 2. Nació en la comunidad de Isallavi, en el Departamento de Oruro en Bolivia.; 3. Eran campesinos.; 4. Le gustaba el fútbol.; 5. Era de adobe y el techo era de paja, era pequeña, les servía como dormitorio, cocina, comedor, etc. Al lado había un corral para los animales.

3 ¿TIENES ALGÚN HOBBY?

1 tuve; sabía; llamé; ayudó; fue; conocía; llamé; dije; era; llamó; llegó; fuimos; necesitábamos; Era; estaban; empezamos; vinieron; estaban; estaba; llegaron; estaba; abrió; cantamos; podía; sacó; tocó; bailamos; tomamos; fue

2 Lösungsvorschlag: 1. ¿Salimos/Quedamos está noche?; 2. ¿Dónde quedamos / nos encontramos?; 3. ¿Quedamos delante del cine?; 4. ¿Qué tal a las nueve?

3 Lösungsvorschlag: 1. (A mí) me interesa la política.; 2. A Antonio le gusta mucho ir al teatro.; 3. A tus padres les encanta el jazz.; 4. (A nosotros/as) nos encanta / gusta mucho la música clásica.; 5. (A mí) Pedro me parece muy simpático.; 6. A mis hermanas les encanta ir de compras.; 7. Odio la nieve.; 8. A Alexander no le interesa (nada) el fútbol.

5a Lösungsvorschlag: 1. Se conocieron en una fiesta.; 2. Comenzaron a conversar, bailaron y se enamoraron.; 3. Les gustaba cenar en restaurantes y ver películas juntos.; 4. Lo que les aburría más era hacer deporte.

5c cocinaba; odiaba; gustaba; Discutían; tenían; dormían; se conocían

6a 1. sie kannten sich nicht; 2. ich habe ihn kennen gelernt; 3. er wusste; 4. ich habe erfahren; 5. ich hatte; 6. ich bekam

6b conocer: kennen lernen, kennen; saber: erfahren, wissen/können; tener: bekommen, haben neu machen

6c 1. Alicia y Nuria conocían muy bien a tu hermano.; 2. Conocí a mi novio en unas vacaciones en Italia.; 3. Clara conocía muy bien la ciudad.; 4. No sabía que el Prado estaba/está en Madrid.; 5. Anoche tuvimos una buena idea.; 6. El jefe tenía una casa en Formentera.

7a Había; sabía, sabía; Pasaron, navegó

8 2. Está riquísimo.; 3. Es grandísima.; 4. Es famosísima.; 5. Está friísima.; 6. Es dificilísimo.; 7. Es guapísima.; 8. Es interesantísimo.

9 1. h; 2. g; 3. c; 4. e; 5. b; 6. d; 7. a; 8. f

10b 1. No, es grande, tiene 18.000 m^2.; 2. Es para niños y jóvenes.; 3. Abre a las 11 de la mañana y cierra a las 6 de la tarde, en verano a las 9.; 4. Cuesta 3 euros, para grupos 2 euros y para menores de tres años es gratuito.; 5. Se llama así porque hay diferentes zonas que quieren desarrollar los sentidos.

4 ¿QUÉ TAL EL DÍA?

1 ¡Por supuesto!; Depende.; Claro que sí. / Naturalmente.; En fin.; ¡Así es!

2 1. Desde; 2. a, de; 3. hasta; 4. Por; 5. en, desde, hasta; 6. de, a; 7. de, en , por; 8. de; 9. Por, por

3 1. sancocho; 2. enamorarse; 3. día; 4. verde; 5. excursión; 6. leyendo

4 **indefinido:** ayer, anoche, antes de ayer, la semana pasada, el mes pasado, en 1999, ...; **imperfecto:** antes, los lunes, siempre, todas las tardes/mañanas, ...; **perfecto:** hoy, esta mañana/tarde/noche; esta semana, este año, este verano, ya, todavía no, hasta ahora, nunca, ...

5 senkrecht: puesto, ido, leído, dado, hecho; waagerecht: dicho, visto, oído, dormido

6 1. A Pedro no le ha gustado mucho la película.; 2. Hoy nos hemos levantado tarde porque es domingo.; 3. Hoy me he duchado después de levantarme. 4. A los estudiantes les ha encantado el libro.; 5. Ramón y Blanca han visto la tele y después se han acostado.

7 1. he perdido, he llegado; 2. fui; 3. Habéis estado; 4. vi; 5. has mandado

8a has estado; me ha encantado; has ido / fuiste; era; podíamos; era; subisteis; Sabías; era; vivía; pasasteis; subimos; bajamos, hicisteis; subimos; fuimos; decidimos; era; estábamos; comprábamos, estábamos; Estaban; habéis estado

8b 3; 1; 5; 4; 2; 6

9 1. d; 2. e; 3. f; 4. g; 5. c; 6. b; 7. a

10 1. bueno/malo; 2. buen; 3. grande; 4. gran/buen/mal; 5. buen/gran; 6. primer/tercer, tercero/primero

11b Lösungsvorschlag: 1. El Teide es un parque nacional.; 2. El volcán Teide-Pico Viejo es la montaña más alta de Canarias y de toda España.; 3. No, es uno de los sitios volcánicos en la Lista del Patrimonio Natural de la Humanidad.; 4. Es el tercer volcán más grande del mundo.

5 ¿A QUÉ TE DEDICAS?

1 1. detrás; 2. lejos; 3. a la izquierda; 4. barato; 5. antiguo; 6. pequeño; 7. encima; 8. lento

2 El ordenador lo he puesto debajo de la mesa.; La camiseta la he puesto encima de la lámpara.; Los platos los he puesto al lado de la silla, a la izquierda./delante de la nevera.; El móvil lo he puesto debajo del sillón.; Las gafas las he puesto encima de la mesa.; El libro lo he puesto detrás del sillón.

3 Lösungsvorschlag: 1. ¿A qué se/te dedica/s? / ¿En qué trabaja/s?, etc.; 2. ¿Trabaja/s en una empresa grande?; 3. ¿Cuánto tiempo lleva/s trabajando ahí?; 4. ¿Le/Te gusta su/tu trabajo?; 5. ¿Trabaja/s solo/-a en su/tu despacho?; 6. ¿Trabaja/s mucho en el ordenador?; 7. ¿Cómo va/s al trabajo?; 8. ¿Cuánto tiempo necesita/s para llegar al trabajo?

5 ocuparse **de** algo/alguien; ser responsable **de** algo/alguien; hacer prácticas **en**; dedicarse **a** algo; contratar **a** alguien; entrevistar **a** alguien; ayudar **a** alguien, ser propietario **de** algo; presentar **a** alguien

6 El/La autónomo/-a trabaja por cuenta propia.; El jefe / La jefa de personal contrata a alguien.; El jefe / La jefa de ventas vende los productos.; El/La administrativo/-a lleva las cuentas.; El/La asistente de dirección ayuda al gerente.

7 1. d; 2. e; 3. i; 4. g; 5. h; 6. f; 7. a; 8. b; 9. c

8a 1. Natürlich. / Selbstverständlich.; 2. Bitte!; 3. zufällig; 4. endlich; 5. glücklicherweise / zum Glück; 6. hier in der Nähe / hier entlang; 7. zum ersten Mal; 8. zuletzt; 9. zum einen ... zum anderen; 10. 10 %; 11. danke für; 12. deinetwegen

8b 1. por, para; 2. por, para; 3. para; 4. para, por; 5. Por, para, para; 6. por; 7. por; 8. para, por; 9. para; 10. para; 11. por, para

9 E-Mail: informaci**ó**n; avi**ó**n; M**á**laga; s**é**; d**ó**nde; est**á**; informaci**ó**n; María Fern**á**ndez.
Postal: Le**ó**n; Aqu**í**; todav**í**a; fr**í**o; simp**á**tica; tambi**é**n; t**í**pico; buen**í**sima

10a era; pasó; llegué; sonó; había/hubo; tenía; llegué; hice; se bloqueó; perdí; Llamé; estaba; Bajé; llamé; estaba; vino; encendió; funcionó/funcionaba; me senté; quería; Terminé, quise; funcionaba; tenía

11 ¿Dónde está el departamento de Recursos Humanos? – Está a la derecha, al lado del departamento de Investigación y Desarrollo. / entre el café e Investigación y Desarrollo.; ¿Dónde están los servicios? – Están a la izquierda de la cafetería / a la derecha del departamento de Marketing. / entre la cafetería y el departamento de Marketing; ¿Dónde está la cafetería? – Está a la derecha, al lado de los Recursos Humanos.; ¿Dónde está el departamento de Marketing? – Está a la izquierda, al lado del despacho del jefe.; ¿Dónde está el ascensor? – Está a la izquierda, al lado del despacho del jefe.

12 1. Me alegro mucho por ti.; 2. Es demasiado temprano para acostarse.; 3. En esta empresa trabajan muchas personas / trabaja mucha gente.; 4. Demasiadas personas llegan / Demasiada gente llega tarde al trabajo.; 5. El jefe es muy simpático.; 6. Hay mucha pobreza en el mundo.; 7. En casa tengo muchos cedés, demasiados.; 8. Muchas parejas trabajan fuera de casa.

13b 1. La mujer más poderosa del mundo es Ángela Merkel.; 2. Solamente una, la presidenta chilena Michele Bachelet.; 3. Está Ana Patricia Botín que fundó los grupos Confecciones Goa y Inditex. Y está Rosalía Mera que ayuda a los necesitados.

6 ¡QUÉ NOTICIA!

1 Guatemala; Cuba; Chile; Argentina; Panamá; Ecuador; Perú

2 leí; era, hacía; estaba; disfrutaba; jugaba; Había; hablaba; comía; bebía; leía; tuvo; vio; se sorprendió; Quiso; pudo; pasó; se puso; llovió; buscó; vio; corrió; tomó; llegó; se protegieron; salvó; se redujo; era; vio, oyó; han encontrado; han contado; ha visto

3 im Uhrzeigersinn: periódico; política; anuncio; noticia; sección; título

4 1. película; 2. carrera; 3. estrella; 4. programas; 5. actriz; 6. director; La solución es: premio.

5 dibujos animados; concursos; documental; deportes; humor; serie; noticias; informativo

6 1. después de; 2. después de; 3. antes de; 4. antes de; 5. Antes de

7 había visto; habían estado; había preparado; habían visto; nos habíamos dormido; habíamos tenido

8 1. llegó, se había ido; 2. entraron, había cenado; 3. había comprado, encontró; 4. se había casado, se enamoró

9 1. brasileñas; 2. italiano, francesa; 3. mexicana, español, costarricense; 4. alemán, alemanas, austriaca; 5. griego, holandeses

10 1. c; 2. e; 3. d; 4. a; 5. f; 6. b

11b 1. F; 2. F; 3. V; 4. V; 5. V; 6. F

7 UN NUEVO HOGAR

1 bonito/moderno – antiguo/antipático – simpático/viejo – nuevo/aburrido – divertido/tonto – inteligente/lejos – cerca/pequeño – grande/luminoso – oscuro/caro – barato/ruidoso – tranquilo/malo – bueno/feo

2 1. está viendo; 2. están jugando; 3. está desayunando; 4. está nadando; 5. están durmiendo; 6. estás haciendo, Estoy leyendo

3 von links nach rechts: 2; 1; 5; 4; 3

4 1. hogar; 2. mar; 3. finca; 4. costumbre; 5. entrevista; 6. emisora; 7. accidente; 8. diccionario; 9. frase; 10. tristeza; waagerecht: finca, costumbre, frase, hogar, entrevista; senkrecht: accidente, emisora, tristeza, mar; diagonal; diccionario

5 piano; musical; componer; dirigir; salsa; baile; grabar; cantar

6 1. Mientras Luis está preparando la comida, Paula y Marina están hablando por teléfono.; 2. Durante las vacaciones Carlos y Víctor se levantan temprano.; 3. Leemos siempre el periódico durante el desayuno.; 4. Mientras la madre va de compras, los niños juegan en el parque.; 5. José estuvo enfermo durante tres meses. Durante ese tiempo no podía trabajar.

7 mientras; Durante; durante; mientras; Durante; mientras

8 1. desde; 2. hace; 3. hace; 4. desde hace; 5. desde que; 6. desde hace

9 1. vi; 2. llevaba; 3. Pasamos; 4. iba; 5. jugaba.

10 El año pasado fuimos a México de vacaciones.; Hoy hemos estudiado toda la tarde.; Cuando éramos pequeños visitábamos a mi tía todos los veranos.; Ayer dormí en casa de mi amigo Pepe.; Antes de entrar al cine habían comprado chocolate y bebidas.; Desde hace tres días habéis trabajado todo el tiempo juntos.; Sentí algo que nunca había sentido antes.

11 1. Estaba leyendo cuando sonó el teléfono.; 2. Estabais durmiendo cuando (yo) llegué a casa.; 3. Estábamos comprando las entradas cuando llegaste.; 4. Lucía estaba bailando cuando conoció a Jorge.; 5. Jaime estaba saliendo de casa cuando se cayó.

12 1. Araceli estaba viendo la tele.; 2. Javier y Luis estaban jugando al baloncesto.; 3. Elena estaba desayunando.; 4. Carlos estaba nadando.; 5. Barriga y Coco estaban durmiendo.; 6. Carmen estaba lavando los platos mientras Manuel estaba leyendo el periódico.

13 1. a; 2. b; 3. b; 4. a; 5. b; 6. b

14 1. No, Compay Segundo nació en Cuba y Tito Puentes en los Estados Unidos.; 2. Compay Segundo inventó el armónico. Es un instrumento de siete cuerdas, parecido a la guitarra.; 3. En 1997 participó en el proyecto Buena Vista Social Club.; 4. Le llaman así por su gran habilidad con los instrumentos de percusión.; 5. La música caribeña fue muy famosa gracias a Tito Puente.

8 Y TÚ, ¿QUÉ HARÍAS?

1 a. 7; b. 6; c. 1; d. 2; e. 12; f. 3; g. 13; h. 5; i. 4; j. 9; k. 8; l. 10; m. 11

3 **positivo:** la felicidad, el consejo, la esperanza, la alegría, la ilusión, el optimismo; la nostalgia; la dicha, el amor; **negativo:** el pesimismo, el reproche; molestar, estar harto/-a, el miedo, la tristeza, el acoso, enfadado/-a

4 ducha; maleta; mapa; toalla; espejo; zapatos; mochila; saco de dormir; disfraz

5 1. podrían; 2. seríamos; 3. tendrías; 4. diría; 5. querrían; 6. habría; 7. estaríamos; 8. tendríamos; 9. compraría; 10. sentiría; La solución es: pondríamos

6 1. Yo con mucho dinero no trabajaría más.; 2. Pablo y yo viajaríamos a Latinoamérica.; 3. Y allí bailaríamos salsa y disfrutaríamos mucho.; 4. Pero tal vez Pablo se enamoraría de la profesora de salsa.; 5. Y después yo discutiría con Pablo.; 6. Y él me dejaría.; 7. Entonces ellos se casarían.; 8. Y yo me moriría de tristeza.

7 haría; tiraría; compraría; estaría; iría; pondría; podrías; sería; tendría; preferiría; cambiaría; vendería.

8 **deseo:** 3, 4; **propuesta:** 2, 6; **petición:** 1, 5

9a 1. b; 2. c; 3. a; 4. e; 5. f; 6. d

9b 1. ha dormido en una tienda de campaña; 2. dejó el coche a una amiga; 3. vivían en un piso compartido; 4. hacía autostop; 5. vimos una corrida de toros; 6. tuviste una cita a ciegas

10 1. **Pedro:** ¡Estás loco! Yo me moriría de miedo.; 2. **Lisa:** Yo en este caso, buscaría otro coche. **Quique:** Sí, me parece que tienes razón.; 3. **Carlos:** Yo, en tu lugar, iría al médico.

11 **Ernesto:** 2, 3, 7; **Sara:** 4, 6, 8; **Lucía:** 1, 5

9 COMER CON PLACER

1 Im Uhrzeigersinn, links: chorizo; vino tinto; tortilla de patata; rechts: jamón serrano; gambas; aceitunas; calamares; croquetas

2 1. Los señores son amables.; 2. La hermana de Alejandro es antipática.; 3. La ciudad es moderna.; 4. Ese sillón es feo.; 5. Mi armario es viejo.; 6. Patricia es joven.; 7. Felipe es impaciente.; 8. Mi hermano es inteligente.; 9. Los hijos de Luis son jóvenes.; 10. El director de la empresa es formal.; 11. María y Lucía son guapas.; 12. La mamá de Berta es amable.

3 1. le; 2. Los; 3. les; 4. Lo; 5. las; 6. La; 7. les; 8. Les

4 ¡Hola! ¿Qué toman? – Una caña, por favor. – ¿Y para usted? – Para mí un vino tinto, por favor.– Oiga, por favor, ¿cuánto es? – Son cinco euros sesenta. – Espera, aquí pago yo, ¿vale? – Muy bien, pero yo ahora necesito un café – Vale. ¿Dónde lo tomamos? – ¿Vamos al Brisas? – Vale.

5 el jamón – la charcutería; el pescado – la pescadería; la silla – la tienda de muebles; el pastel – la pastelería; los tomates – la verdulería; la carne – la carnicería; el libro – la librería; las flores – la floristería; las manzanas – la frutería; el pan – la panadería

6 1. mermelada; 2. leche; 3. embutido; 4. cereal; 5. atún; 6. mantequilla; 7. nata; 8. espárragos; 9. miel; 10. aceite; 11. fresas; 12. pollo; 13. zanahoria; 14. azúcar; 15. pasta; 16. jamón; 17. salmón; 18. arroz; 19. pastel; 20. chuleta

8a 1. le; 2. nos; 3. les; 4. me; 5. os; 6. te

8b 2. nos la; 3. se lo; 4. me la; 5. os las; 6. te los

9 hecha, tiradas; puesta; usadas; quemado; muerta; ocupadas

10 Las tapas están calientes.; La dorada está salada.; Las patatas están buenas.; El pescado está crudo.; El estofado está soso.; La sopa está fría.; El pollo está rico.; La camarera está cansada.; Los espárragos están quemados.; Los calamares están picantes.

11 1. a; 2. a; 3. a; 4. b; 5. b; 6. b; 7. a; 8. b; 9. b; 10. b

12 Lösungsvorschlag: Hola Jorge, ¿qué te gustaría comer? – Hola, Paula, ya sabes, soy vegetariano. – Yo como de todo. ¿Comes pescado? – No, soy alérgico al pescado. Pero podemos ir de tapas. – Buena idea. – A mí me gusta la comida sana y con pocas calorías. – Al gazpacho le falta sal. – Los calamares están muy fríos. – Las croquetas están poco hechas, pero el vino está bien / es bueno. – Sí, es verdad.

13 **verdadero:** 1; **falso:** 2, 3, 4, 5

10 DE AQUÍ PARA ALLÁ

1 ayuntamiento; Correos; catedral; supermercado; verdulería

2 1. banco, entre, Correos, enfrente; 2. Oficina de Turismo, lejos, todo recto, al final, enfrente; 3. cine; cerca; al lado; 4. verdulería, detrás, enfrente

3 1. d; 2. a; 3. b; 4. e; 5. c

4 1. sombrero; 2. bolígrafo; 3. móvil; 4. crema; 5. paraguas; 6. cartera; 7. reloj; 8. mapa; 9. llave; 10. portátil

5 1. el despacho; 2. la respuesta; 3. la autopista; 4. el hambre; 5. bilingüe; 6. el equipaje; 7. el DNI; 8. descubrir

6 tren; barco; coche; avión; autobús; tranvía, a pie

7 1. duerma; 2. cierre; 3. pida; 4. siga; 5. juegue; 6. traduzca; 7; salga; 8. cuente; 9. piense; 10. conozca; 11. ponga; 12. vuelva

8 1. da; 2. digan; 3. ve; 4. den; 5. vaya; 6. di; 7. vengan; 8. haz; 9. hagan; 10. pon; 11. diga; 12. sal; 13. tenga; 14. ten; 15. salga; 16. ven; 17. ponga; 18. vayan; 19. vea; 20. juega; waagerecht: ve, ven, ponga; di, ten, den, haz, hagan; senkrecht: ve, vayan, digan, salga, vea, pon, sal, vengan, tengan, juegan; diagonal: da, vaya, diga

9a Lösungsvorschlag: 1. Descubra la ciudad.; 2. Pide un favor a un amigo.; 3. Compra un regalo a tu hermana.; 4. Lean una historia a los niños.; 5. Prepara una fiesta para los compañeros.; 6. Venda el coche a su jefe.; 7. Escriba una carta para una amiga.; 8. Levántate temprano.

9b 1. Descubra la ciudad. – Descúbrela.; 2. Pide un favor a un amigo. – Pídeselo.; 3. Compra un regalo a tu hermana. – Cómpraselo.; 4. Lean una historia a los niños. – Léansela; 5. Prepara una fiesta para los compañeros. – Prepárasela.; 6. Venda el coche a su jefe. – Véndaselo.; 7. Escriba una carta para una amiga. – Escríbasela.; 8. Levántate temprano.

10 1. locamente; 2. totalmente; 3. rápidamente; 4. fácilmente; 5. tranquilamente; 6. estupendamente

12 Von links nach rechts: 1; 5.; 2.; 3.; 4.

11 LA SALUD ES LO PRIMERO

1a procura; siéntate; límpiate

1b 1. Come/Coma sin hacer ruido.; 2. Sostén/Sostenga la cuchara así.; 3. Aprende/Aprenda a comer correctamente.

2 **busque:** buscar, suchen, busquen, busca; **complete:** completar, vervollständigen, completen, completa; **compruebe:** comprobar, prüfen, comprueben, comprueba; **construya:** construir, bauen, construyan, construye; **diga:** decir, sagen, digan, di; **elija:** elegir, auswählen, elijan, elige; **lea:** leer, lesen, lean, lee; **marque:** marcar, markieren, marquen, marca; **mire:** mirar, schauen, miren, mira; **oiga:** oír, hören, oigan, oye; **pregunte:** preguntar, fragen, pregunten, pregunta

3 1. Acuéstate temprano.; 2. Desayuna bien.; 3. Date prisa.; 4. Lávate las manos antes de comer.; 5. Duérmete rápido.; 6. Ponte tu abrigo.; 7. Di la verdad.; 8. Come despacio.; 9. Haz tus deberes.

4a 1. corazón; 2. ojo; 3. pelo; 4. narices; 5. manos; 6. brazo; 7. boca; 8. oído

4b 1. h; 2. d; 3. f; 4. e; 5. b; 6. c; 7. g; 8. a

5 **bailar:** no bailes, no baile, no bailen; **comer:** no comas eso, no coma eso, no coman eso; **ir:** no vayas, no vaya, no vayan; **decir:** no digas nada, no diga nada, no digan nada; **levantarse:** no te levantes, no se levante, no se levanten; **dormirse:** no te duermas, no se duerma, no se duerman

6 no busques; no completes; no compruebes; no construyas; no digas; no elijas; no leas; no marques, no mires; no oigas; no preguntes

7 No llores sin aprender.; No te levantes sin saber qué hacer.; No tengas miedo a tus recuerdos.; Sonríe a los problemas.; Lucha por lo que quieres.; No lo abandones todo por miedo.; Convierte en realidad tus sueños.; Busca la felicidad.; Vive tu vida con una actitud positiva.; Piensa en que podemos ser mejores.; Siente que sin ti este mundo no sería igual.

8 1. ¡No pise/pises el césped!; 2. ¡No corra/corras! / ¡No caiga/caigas! 3. ¡No te bañes!

9 **sentarse:** ¡Siéntate!, ¡Siéntese!; **quitarse la camiseta:** ¡Quítatela!, ¡Quítesela!; **respirar hondo:** ¡Respira hondo!, ¡Respire hondo!; **beber mucha agua:** ¡Bebe mucha agua!, ¡Beba mucha agua!; **descansar el fin de semana:** ¡Descansa el fin de semana!, ¡Descanse el fin de semana!; **dormir mucho:** ¡Duerme mucho!, ¡Duerma mucho!; **no hacer deporte:** ¡No hagas deporte!, ¡No haga deporte!; **no comer dulces:** ¡No comas dulces!, ¡No coma dulces!; **venir otra vez el martes:** ¡Ven otra vez el martes!, ¡Venga otra vez el martes!

10 1. b; 2. d; 3. i; 4. a/h; 5. g; 6. e/h; 7. a/e/h; 8. f; 9. j; 10. c

11 3; 1; 6; 2; 5; 4

12 **verdadero:** 1, 3; **falso:** 2, 4, 5

12 VIVIR CON EMOCIÓN

1a 2; 4; 1; 3

1b Lösungsvorschlag: 1. Están en casa y después en el ambulatorio / centro de salud.; 2. Porque a su hijo le duele todo.; 3. El niño no está bien. Le duele todo.; 4. Pienso que ha cogido una gripe.

2 Lösungsvorschlag: **La madre:** Es delgada. Está preocupada. Lleva un vestido azul. **El niño:** Es rubio. Está cansado/enfermo. Lleva camiseta y pantalones cortos verdes. **El médico:** Es inteligente. Está serio. Lleva gafas.

3a Lo mandaría al colegio.; Lo dejaría en casa.; No lo metería en la cama.; Le daría un té.; Le pondría una tirita en el dedo.; Pasaría el día con él.; No iría al parque con él.

3b Lösungsvorschlag: La madre pasó el día con su hijo.; Le dio un té.; Lo metió en la cama.

3c Déjalo/Déjelo en casa.; Mételo/Métalo en la cama.; Dale/Déle un té.; Ponle/Póngale una tirita en el dedo.; Pasa/Pase el día con él.; Ve/Vaya al parque con él.

3d Lösungsvorschlag: Déjame / No me dejes en casa.; Méteme / No me metas en la cama.; Dame / No me des un té.; Ponme / No me pongas una tirita en el dedo.; Pasa el día conmigo.; Ve al parque conmigo.

5 en primer plano; en el fondo; abajo; a la derecha/izquierda; en el centro; entre; al lado; en el cuadro

6a 1. geben; 2. stellen/legen/setzen; 3. sich etwas anziehen; 4. jdn. verlassen; 5. aufhören etwas zu tun; 6. jdm. etwas überlassen; 7. verlassen/wegnehmen; 8. sich etwas ausziehen

6b **dar:** algo a alguien, asco, una vuelta, vergüenza, un paseo, rabia, un libro, miedo, un beso; **poner(se):** la ropa, colorado, nervioso, la chaqueta, alegre; **dejar:** a su novio, de fumar, de jugar al fútbol; **quitar(se):** la ropa, la chaqueta, el miedo, algo a alguien

7a 1. etwas tun werden; 2. etwas gerade getan haben; 3. aufhören etwas zu tun; 4. etwas wieder tun; 5. beginnen etwas zu tun; 6. etwas tun müssen; 7. man muss; 8. gewöhnlich etwas tun

7b Lösungsvorschlag: 1. va a; 2. acabo de; 3. dejado de; 4. empezado a / dejado de / vuelto a; 5. vuelto a; 6. suelo/suele; 7. Hay que / Tiene/Tengo que

8 Lösungsvorschlag: 1. Está contenta porque ha visto a Miguel.; 2. Siente asco porque ha encontrado un pelo en la sopa.; 3. Está enfadada porque acaba de perder el autobús.; 4. Está triste porque tiene que dejar a su familia.; 5. Tiene miedo porque no ve nada.; 6. Está feliz porque ha recibido un regalo.

9b **verdadero:** 2, 4; **falso:** 1, 3

13 ¡MUCHAS FELICIDADES!

1 1. la Navidad; 2. la escuela / el colegio; 3. el regalo; 4. el cava; 5. las gafas de sol; 6. la agenda; 7. el periódico / el diario; 8. el reloj; 9. la cartera

2 1. Me alegro mucho.; 2. Tengo dolor de muela(s).; 3. Me duele la garganta.; 4. El lunes es mi cumpleaños.; 5. La fiesta de cumpleaños estuvo muy bien/bonita.; 6. Me dan miedo las arañas.; 7. Me alegro cuando veo a mis amigos.

3 1. comas; 2. veas; 3. pasen; 4. salga; 5. cojas; 6. lleguen

4 1. Juan, para de beber / no bebas más.; 2. Margarita, ve al gimnasio y haz deporte.; 3. Carlos, toma un té caliente con miel.; 4. Miguel, apaga la tele y vete a la cama.

6 **hablar:** no hables, hable, hables, hable, hablemos, habléis, hablen; **venir:** no vengas, venga, vengas, venga, vengamos, vengáis, vengan; **llegar:** no llegues, llegue, llegues, llegue, lleguemos, lleguéis, lleguen; **conocer:** no conozcas, conozca, conozcas, conozca, conozcamos, conozcáis, conozcan; **salir:** no salgas, salga, salgas, salga, salgamos, salgáis, salgan; **hacer:** no hagas, haga, hagas, haga, hagamos, hagáis, hagan; **ir:** no vayas, vaya, vayas, vaya, vayamos, vayáis, vayan

7a pásamela; envíamelo; distribúyela; archívalos; ponle; exprésalos; hazlo

7b pasar; enviar; distribuir; archivar; poner; expresar; hacer

7c Lösungsvorschlag: Quiero que me la pases mañana.; Espero que la distribuyas.; Quiero que los archives.; Te escribo para que le pongas un título.; Ojalá los expreses en gráficos.; Quiero que lo hagas hoy mismo.

9 1. Es un décimo de Navidad.; 2. Se celebra el 22 de diciembre.; 3. Se celebra desde 1812. 4. Se puede ganar mucho dinero.; 5. El primer premio es "El Gordo".; 6. ¡Felicidades! / ¡Enhorabuena!; 7. Lo siento. / ¡Qué lástima!; 8. ¡Mucha suerte!; 9. Ojalá ganes algo.

10b Lösungsvorschlag: 1. Celebran el solsticio de invierno.; 2. En Nochebuena toda la familia se reúne para cenar. Después comen turrón y polvorones y beben cava. Luego cantan villancicos.; 3. En el día de los Santos Inocentes se hacen "inocentadas".; 4. Es importante para los niños porque reciben regalos.; 5. El roscón se come el día 6 de enero.

14 ¡...Y QUE SEA BARATO!

1 1. el peine; 2. el secador de pelo; 3. la cámara digital; 4. el diccionario; 5. el pasaporte; 6. la pastilla; 7. la revista; 8. el oso de peluche

2 1. llegues; 2. traduzca; 3. sepa; 4. tengáis; 5. vayamos; 6. termine; 7. haya; 8. tomemos; 9. estés; 10. aprendamos

3 No es correcto: 1. Cómo; 2. Dónde; 3. De dónde; 4. cuáles; 5. Cuánto; 6. Quién

4 1. a; 2. b; 3. a; 4. a; 5. a; 6. a; 7. a; 8. a; 9. b; 10. b

7 Lösungsvorschlag: Buscamos ... a un médico que me ayude con mi dolor de cabeza; a una profesora que explique muy bien la gramática; a un abogado que piense en sus clientes; a una ingeniera que construya puentes; a un estudiante que saque a pasear a mi perro; un enfermero que cuide a la abuela en casa; a un mecánico que piense siempre en la seguridad en el trabajo; a un vendedor que parezca serio y responsable; a una taxista que conozca muy bien la ciudad; a un secretario que recuerde bien a su jefe; a una cocinera que sepa preparar buenas paellas; a una peluquera que quiera trabajar por las noches; a un arquitecto que prefiera los materiales naturales; a una pensionista que pueda trabajar de canguro; a una periodista que entreviste a personas interesantes

8 quiera, entienda; sea; tenga; se muera; pida; me case; ayude; cuide; pregunte; diga; se levante, duerma; prepare; se sienta; haga; sepa; conozca; vaya, sirva; enseñe

9 1. vas, voy, vengo; 2. vamos, Venís; 3. vienes, van, ir; 4. viene, (se) va

10 links: llevas, llevo, trae; rechts: llevo, llevas, traes

11 ven; ve; lleva; ve; ve; trae; ve; lleva; trae; Lleva, trae; ve; trae, lleva

12a 1. c; 2. a; 3. e; 4. d; 5. b

12b a. 4.; b. 2.; c. 3.; d. 5.

13b **Víctor:** 3, 7; **Úrsula:** 2, 4; **Sergio:** 1, 5, 6

15 EL FUTURO YA ESTÁ AQUÍ

1 Lösungsvorschlag: **el verano:** 3, 5, 6; **el otoño:** 4, 7, 10; **la primavera:** 4, 7, 8; **el invierno:** 1, 2, 9, 11

2 **saber:** sabría, sabrías, sabría, sabríamos, sabríais, sabrían; **hacer:** haría, harías, haría, haríamos, haríais, harían; **poder:** podría, podrías, podría, podríamos, podríais, podrían; **haber:** habría, habrías, habría, habríamos, habríais, habrían; **querer:** querría, querrías, querría, querríamos, querríais, querrían; **decir:** diría, dirías, diría, diríamos, diríais, dirían; **poner:** pondría, pondrías, pondría, pondríamos, pondrías, pondrían; **tener:** tendría, tendrías, tendría, tendríamos, tendrían

4 **la compra:** el carro de la compra, el supermercado, la tarjeta, la caja, el cliente, los empleados, el chip electrónico, la oferta, el sistema de seguridad, personalizada; **el banco:** la tarjeta, el cliente, la cuenta bancaria, los empleados, el sistema de seguridad, el crédito, el experto, Internet; **el hogar:** Internet, la llave, bajar las persianas, la pantalla de plasma, el riego del jardín, encender la luz, encender el horno

5 1. contaminación; 2. vacuna; 3. sequía; 4. diagnóstico; 5. electrodoméstico; 6. huracán; 7. cosecha; 8. incendio; 9. terremoto; 10. enfermedad; 11. tormenta; 12. SIDA; La solución es: inundaciones

6 **saber:** sabré, sabrás, sabrá, sabremos, sabréis, sabrán; **hacer:** haré, harás, hará, haremos, haréis, harán; **poder:** podré, podrás, podrá, podremos, podréis, podrán; **haber:** habré, habrás, habrá, habremos, habréis, habrán; **querer:** querré, querrás, querrá, querremos, querréis, querrán; **decir:** diré, dirás, dirá, diremos, diréis, dirán; **poner:** pondré, pondrás, pondrá, pondremos, pondréis, pondrán; **tener:** tendré, tendrás, tendrá, tendremos, tendréis, tendrán

7 1. pensará; 2. tendrá; 3. Vendrá, habrá; 4. estará; 5. comerá, hará

8 dejaré; volverán; verán, vivirán; tendrán; podréis; formaréis; seré; vendrá; reconocerá; sabrá; gustaré; seré; querrá; harás; darás; vivirás; daré; dejarás

9 1. Mis vecinos estarán preparando la comida.; 2. Mi perro Barriga estará jugando con el gato en el jardín.; 3. Berenice estará practicando deporte ahora.; 4. Elena otra vez estará comiendo pastel.; 5. ¿Dónde estáis? ¿Estaréis viendo una película, no?

11a 1. c; 2. d; 3. e; 4. a; 5. b

11b **Aries:** 2, 4; **Géminis:** 3; **Virgo:** 1, 5

AUTOEVALUACIÓN

1 **las aficiones:** coleccionar, el esquí, el baile, montar a caballo, la naturaleza, pintar; **la empresa:** el (ordenador) portátil, el/la cliente/-a, el/la empleado/-a, la impresora, la Pyme, la sección, los recursos humanos; **la salud:** alérgico/-a, el dolor, el/la paciente, la dieta, la enfermedad, la picadura, la sala de urgencias; **los medios de comunicación:** el canal, el anuncio, el documental, el informativo, el videojuego, el periódico; **la alimentación:** asado/-a, el cubierto, el embutido, vegetariano/-a

2 oír – el oído; contratar – el contrato; entrevistar – la entrevista; acceder – el acceso; doler – el dolor; preparar – la preparación; fotocopiar – la fotocopia; importar – la importación; producir – la producción; cambiar – el cambio; amar – el amor; proponer – la propuesta

3 tal vez – vielleicht; aunque – obwohl; aún – noch; sin duda – zweifellos; a partir de – ab; ¡Ojalá! – hoffentlich; ¡Atención! – Vorsicht!; ¡Qué lástima! – Wie schade!; todo lo contrario – ganz im Gegenteil; más bien – eher, ziemlich; dentro de poco – bald; de repente – plötzlich; de vez en cuando – manchmal; ¡Lo siento! – Es tut mir Leid.; ¡No me digas! – Was du nicht sagst!; ¡A tu salud! – Auf dein Wohl!

4 1. b; 2. a; 3. d; 4. c; 5. h; 6. g; 7. f; 8. e

5 1. ¿La compra se la hace Samuel? – Sí, la compra se la hace él.; 2. ¿Los libros se los coloca Julio? – Sí, los libros se los coloca él.; 3. ¿Las ventanas se las limpia David? – Sí, las ventanas se las limpia él.; 4. ¿La ropa se la recoge María? – Sí, la ropa se la recoge ella.

6 1. pintaba, trabajo; 2. ha cuidado, ha hecho, vendrá; 3. hizo, gustó; 4. estaba, sonó; 5. tenía, se olvidaba, lee; 6. fuimos; 7. emigró; 8. iremos, comprar; 9. compró, fue, aparcó, salió, estaba, habían robado

7 1. pongas; 2. es, pueda; 3. ha entregado, pueda; 4. está, escriba; 5. compréis; 6. tenga; 7. pongan, traigan; 8. entregue

8a 1. David, yo que tú no comería caramelos / bebería sólo zumos / tomaría una aspirina; 2. Alba, yo que tú dejaría de beber / no iría más de bares con los amigos.; 3. Mario, yo que tú tomaría clases de canto / participaría en concursos.; 4. Beatriz, yo que tú iría a un curso de natación / practicaría con amigos.

8b Lösungsvorschlag: 1. David: Sí, tienes razón. Iré al dentista. Pero no tomaré aspirina.; 2. Alba: ¿Qué dices? Todavía iré de bares con mis amigos pero dejaré de beber.; 3. Mario: Sí, tienes razón. Tomaré clases de canto pero no participaré en concursos.; 4. Beatriz: ¡Qué vergüenza! No practicaré con amigos pero tal vez iré a un curso de natación.

9 1. a; 2. b; 3. a; 4. a

10a el Teide; Compay Segundo; Evo Morales

Bildquellen

Cover, oben: © Getty, Burlanni (RF); unten: © Getty, Tejeiro (RF) – S. 4, 1: © Intervida; 4: © Cornelsen Verlag, Eske; 7: © Cornelsen Verlag, A. Bucheli; 8: © PIXELIO – S. 5, 1: © Fotolia.com, starush (RF); 2: © PIXELIO, Thaifan; 4: © Cornelsen Verlag, P. Caparros; 5: Wikimedia Commons, GNU – Liz. freie Dok. 1.2, © Shin-T; 6: Wikimedia Commons, GNU – Liz. freie Dok. 1.2, © P. A. Salguero Quiles; 7: © Fotolia.com, cyrano (RF) – S. 9 Wikimedia Commons, gemeinfrei – S. 10, 1: Cornelsen Verlag, V. Binder; 2, 4: Wikimedia Commons, GNU – Liz. freie Dok. 1.2, © DirkvdM; 3: © Flickr, koshka4 – S. 13 © Fotolia.com, Irina_B (RF) – S. 14, 1: © Fotolia.com, D. Bujack (RF); 2: © iStockphoto, ranplett (RF) – S. 15 Wikimedia Commons, cc-Attr.-Sha-2.5, © Cantos – S. 16 © iStockphoto, C. Martínez Banús (RF) – S. 17, 1: © justswift (RF); 2: © Fotolia.com, bilderbox (RF); 3: © Fotolia.com, M. Business (RF) – S. 23, 1: Wikimedia Commons, cc-Attr.-2.0, © J. Mesa; 2: © Fotolia.com, I. Khafizov (RF); 3: Wikimedia Commons, gemeinfrei – S. 24, 1: © Fotolia.com, M. Barzen (RF); 2: Wikimedia Commons, cc-Attr.-3.0, © Mataparda; 3: © iStockphoto, L. Neeleman (RF) – S. 25 Wikimedia Commons, gemeinfrei – S. 27, a: © PIXELIO, freni; b: © Fotolia.com, sonne_Fleckl (RF); c: © Fotolia.com, Krzysiek_z_Poczty (RF); d: © Fotolia.com, spotlight-studios (RF); e: © PIXELIO, G. Wittberger; f: © Fotolia.com, Falk (RF); g: © Fotolia.com, L. Koch (RF); h: © Fotolia.com, amandare (RF); i: © PIXELIO, farblos – S. 28 © iStockphoto, E. Naud (RF) – S. 34, 1–10: Wikimedia Commons, gemeinfrei – S. 42, 1, 2: Wikimedia Commons, gemeinfrei – S. 44 © Fotolia.com, T. Trojanowski (RF) – S. 46, 1: © iStockphoto, J. Monino (RF); 2: © iStockphoto, C. Martínez Banús (RF) – S. 51, 1: Wikimedia Commons, GNU – Liz. freie Dok. 1.2, © D. Díez Sanquirce; 2: Wikimedia Commons, cc-by-sa-2.0, A. Castella; 3: © PIXELIO, T. Bornschein; 4: Wikimedia Commons, gemeinfrei; 5: © Fotolia.com, S.thomas (RF) – S. 52, 1: Wikimedia Commons, cc-by-sa-2.0, © F.C. Müller; 2: Wikimedia Commons, cc-Attr.-2.0, G. Carels; 3: © PIXELIO, matthias; 5: © PIXELIO, knipseline; 6: © PIXELIO, Kellermeister; 7: © PIXELIO, www.Foto-Fine-Art.de; 8: Wikimedia Commons, gemeinfrei; 9: © Fotolia.com, design56 (RF); 10: Wikimedia Commons, cc-Attr.-2.0, J. Laine – S. 55, 1: © J. A. Arrieta, www.astenagusia.net; 2: © Flickr, VotreX; 3: © Flickr, J. Zabala – S. 58, 1: © Flickr, alfonsoso; 3: © Flickr, alpoma – S. 59, 1: © Fotolia.com, p. Devanne (RF); 2: © iStockphoto, E. Snow (RF) – S. 60 Wikimedia Commons, GNU – Liz. freie Dok. 1.2, © Zorrillo-Estepa – S. 63 Wikimedia Commons, gemeinfrei – S. 65, 1–3, © J. Quispe Virhuez – S. 66 © iStockphoto, k. tanir (RF); S. 67, 1: © Fotolia.com, MOKreations (RF); 2: © Fotolia.com, iofoto (RF); 3: © iStockphoto, A. Abejon (RF); 4: © iStockphoto, C. Pattberg (RF) – S. 69, 1: Wikimedia Commons, GNU – Liz. freie Dok. 1.2, © N. A. Thune – S. 71, 1: © Fotolia.com, EuToch (RF); 2: © PIXELIO, BirgitH; 3: Wikimedia Commons, GNU – Liz. freie Dok. 1.2, © Fir0002; 4: © Flickr, sugarrrrrrrr; 5: Wikimedia Commons, gemeinfrei; 6: Wikimedia Commons, GNU – Liz. freie Dok. 1.2, © D. Meyer; 8: © PIXELIO, B. Jens – S. 72 Wikimedia Commons, cc-by-sa-2.0, © L. Gattou – S. 81, 1: © Fotolia.com, ant236 (RF); 2: © Fotolia.com, bilderbox (RF); 3: © Adpic (RF); 4: Wikimedia Commons, cc-by-sa-2.5, © Agapito; 5: © P. Himsel (RF) – S. 83, 1: Wikimedia Commons, GNU – Liz. freie Dok. 1.2, © D. A. Mottl.

S. 4, 2, 3, 6: © picture alliance; 5: © mauritius images / age – S. 5, 3: © Reinhard Eisele / project photos – S. 12 © mauritius images – S. 35 © picture alliance – S. 40, 1, 2: © ullstein bild – S. 55, 4: © Flickr, G. A. Moreno – S. 58, 2: © Flickr, Harry+ – S. 70 © mauritius images – S. 83, 2, 3: © ullstein bild.

Textquellen

S. 17–18 „Esto no es todo", von Joaquín Salvador Lavado (QUINO), © Ediciones de la Flor, 2001 – S. 25 „El Teide, declarado Patrimonio de la Humanidad", © www.ecos-online.de vom 24.10.07 – S. 32 © ELPAÍS.COM vom 30.06.08 – S. 56 „Nina, La Sopa", © Grazia Nidasio – S. 58 „Queda prohibido", © A. Cuervo Barrero.

Nicht alle Copyrightinhaber konnten ermittelt werden; deren Urheberrechte werden hiermit vorsorglich und ausdrücklich anerkannt.